带着文化游名城

老济南记忆

李世化 编著

黄河出版传媒集团
阳光出版社

图书在版编目（CIP）数据

老济南记忆 / 李世化编著. —— 银川：阳光出版社，
2025. 5. —— (带着文化游名城). —— ISBN 978-7-5525
-7606-1

Ⅰ. K295.21-49

中国国家版本馆CIP数据核字第2025L937F0号

带着文化游名城

老济南记忆

李世化 编著

责任编辑　杨　皎
封面设计　尚世视觉
责任印制　岳建宁

黄河出版传媒集团
阳　光　出　版　社　出版发行

出 版 人　薛文斌
地　　址　宁夏银川市北京东路139号出版大厦（750001）
网　　址　http://ssp.yrpubm.com
网上书店　http://shop129132959.taobao.com
电子信箱　yangguangchubanshe@163.com
邮购电话　0951-5047283
经　　销　全国新华书店
印刷装订　河北翔驰润达印务有限公司
印刷委托书号　（宁）2500225

开　　本　710 mm×1000 mm　1/16
印　　张　14.5
字　　数　200千字
版　　次　2025年5月第1版
印　　次　2025年5月第1次印刷
书　　号　ISBN 978-7-5525-7606-1
定　　价　58.00元

前　言

　　济南有着5000多年的历史，同时，它也是一座有着2600多年建城史的文化名城。济南以人文景观俱佳著称于世，是首批中国优秀旅游城市之一；位于我国"山水圣人""齐鲁民俗"两条黄金旅游线的重要枢纽位置，素有"四面荷花三面柳，一城山色半城湖"的美誉。不仅如此，就像四季如春的昆明被誉为"春城"、万里冰封的哈尔滨被誉为"冰城"一样，有着众多的天然涌泉的济南被冠以"泉城"的美誉，以其独特的泉水魅力享誉海内外。

　　独特而浓厚的人文底蕴使得济南成了数代历史名人的摇篮，饱经沧桑，更显底蕴绵长。它可以风情万种，有"误入藕花深处"的柔美；也可以肆意洒脱，有"波涛声震大明湖"的豪气。漫步在大明湖畔，畅饮清冽的泉水，您是否想深入探寻济南呢？跟随《带着文化游名城——老济南记忆》一起走进济南吧！

　　济南，南依巍巍泰山，北临滔滔黄河，是中华文明的重要发祥地之一。远在9000年前的新石器时代早期，我们的祖先就在这片风光旖旎的土地上繁衍生息，此后的大汶口文化时期各地先民的活动更加频繁，之后以黑陶为标志的"龙山文化"在现今济南东郊龙山镇孕育而生，记录了农耕文明生产的进步与发展。

　　约公元前22世纪，中国古代五帝之一的舜诞生并生活在济南一带。舜在当帝之前，家境清贫，他因此从事各种体力劳动，经历坎坷。当时的舜在历山耕耘种植，在雷泽打鱼，在黄河之滨制作陶器，而在这些工作的过程中，他的德行深深地感染了周围的人，这才被四岳一致推举到帝尧那里成为继承人。现今济南各处还散落着舜耕山、舜井、娥英河、舜庙等舜文化遗址，大家尚且能从中窥见数千年之前帝舜生活过的痕迹。

"泉城"，作为济南另一张名片，其风采在商代末期已初现端倪。那时，"趵突泉"先于"济南"这个地名出现在甲骨文卜辞中。甲骨文里的"洓"（luò）字即代表如今的趵突泉，这是最早有关济南泉水的文字记载。

春秋战国时期，济南先后有过"历下""历下邑"的称呼，直到西汉时期，设立济南郡。济南因地处古四渎之一的"济水"（古道，今为黄河所据）之南而得名，这是"济南"这一名称第一次出现在史料上。随后，南北朝、隋唐及北宋时期，济南又称作"齐州"。

济南风景秀丽，人文底蕴深厚，在北宋时就享有"文学之国""富饶之地"的称号。值得一提的是，当时的"济南二安"李清照及辛弃疾相继惊艳文坛，济南的灵动美丽可见一斑。金元之际，济南更是文化繁荣，人才济济，文学家元好问就曾写词称颂赞美"羡煞济南山水好""有心常做济南人"，等等。

1840年，鸦片战争打响了第一枪，中国沦为半殖民地半封建社会，帝国主义列强纷纷涌入中国，宰割掠夺。靠近渤海湾、地理位置优越的济南自然未能幸免，因为物资丰富更是一度沦为帝国主义侵华的主要据点；抗日战争时期，日军在济南制造了"五三惨案"，济南受尽蹂躏。

济南就像一位宽厚坚韧的母亲，她默默接受着岁月和历史的洗礼。中华人民共和国成立后，这座历经磨难的老城回到祖国的怀抱，一路高速发展，日新月异，成为如今名副其实的魅力都市。

1986年，济南市被国务院授予国家级历史文化名城的称号。济南保存着丰富的文物宝藏，现有国家级文物保护单位5处，省级文物保护单位37处。2010年，济南被评为中国最具特色的十大旅游城市之一。

这样一片山清水秀的土地，在悠悠的历史长河里经历了怎样的故事，您是否想认识它？这样一座人杰地灵的老城，承载了从古至今多少人间佳话，又隐藏着多少美景佳肴，您是否想真正走近它？本书有强烈的趣味性，每章中都会有很多小节，每一小节的故事都是以提问的方式来切入，像"孟姜女哭长城发生在济南吗""乾隆为啥不愿再登鹊华桥""珍珠泉真的是娥皇女英的泪水化成的吗"等。本书的每一小节大多配有插画，能让你更直观地看到济南老城的故事，开启一场别样的文化之旅。

　　泡一杯浓茶，翻开书，任思绪徜徉在大明湖，让灵魂沉醉在亭廊醉蟹之中，一起去看一看那藕花深处的济南风光！

目　录

济南的街桥与地名

济南有趣的街桥

济南的名山与胜水

济南的美食与特产

济南的美食

济南的名人故居与民间趣闻

济南的名人故居

济南的民俗特色

济南的节日习俗

附 录

开 篇

出行前的准备

一次旅途，需要我们停下匆匆步履，敞开心扉，慢慢品味人文自然里的种种风情，细看其中的风景和故事。那么，当我们遇见泉城济南，要怎样去认识它呢？您不妨跟随本书先来了解一下出行前的准备吧。

与一座城市相逢，若是懂得它的历史，知道当地语言和特色文化，就能更好地体验这座城市的独到之处；若是知晓它的最佳旅游季节和当地小吃，就能在游玩中更加舒心自在。

济南的历史

济南市，简称"济"，别称"泉城"，位于山东省中西部，山东省省会、全国十五个副省级城市之一，是黄河下游最大的城市，山东省的政治文化中心和交通枢纽。

济南地理位置得天独厚，既有青山，又有绿水，土壤肥沃，自然资源丰富，是古代先民的理想居住地。新石器时代早期，距今9000多年，济南就已出现了人类活动的痕迹。

1928年的春天，考古学家吴金鼎在济南市历城县龙山镇发现了举世闻名的城子崖遗址以及龙山文化。据考证，这里是我国最早出现的城市之一。龙山文化反映了我们的祖先进入稳定的种植业阶段，他们以农业为主，而兼营狩猎、打鱼、蓄养牲畜。龙山文化同夏、商、周的文化渊源密不可分。

动荡不安的春秋战国时期，济南隶属齐国。这一时期济南已是众泉汇流，有了"家家泉水，户户垂杨"之誉。为了防止楚国入侵，齐国在这里修建了西起长清广里的齐长城，远远早于秦长城。在这里发生了许多著名战役，如齐晋之战。

汉代济南经济文化一路腾飞，成为一座经济实力超强的城市，同时也是闻名全国的"冶铁之都"。

北宋时期济南设为"齐州"，为名人才子所眷顾，文化底蕴日益深厚，自此成为著名旅游城市。"唐宋八大家"之一的曾巩曾在齐州任太守，推行王安石的新法，实施改革，将城西南隅的爆流泉改为趵突泉。李白、杜甫、苏轼、苏辙等文人先后至此，歌咏这座泉城。

后来，随着北方少数民族的入侵，北宋进入战乱时期。这一时期出现了辛弃疾、李清照两位大词人。

明清时期，济南成了山东的政治中心，出现了一批学者。著名戏剧家、章丘人李开先以及学者周云年都曾在此编撰巨著。

随着历史发展，岁月在济南留下沧桑一笔，济南的老城区经历过多次的变化，从最初的历下古城、秦汉历城县城到魏晋南北朝时期的双子城、唐宋时期的齐州州城母子城，再到明清时期的济南府城，济南的老城区在不断变迁。

济南的特色

【济南的美食符号】

◎ 黄河鲤鱼

黄河流经济南，河中极品"黄河鲤鱼"自然成为济南的一道特色名菜。黄河鲤鱼鳞色鲜亮，个头较大，肉质厚嫩，做成菜肴取"鲤鱼跳龙门"之意。在济南，通常把黄河鲤鱼做得又酸又甜，蒜味浓郁。依据当地的习俗，在吃完鱼后，会将鱼头、鱼尾和盘中剩下的调味料做成汤，叫作"头尾汤"或者叫"划水"，鲜美滋补，有益健康。

◎ 济南甜沫

甜沫，又叫五香甜沫，是济南的著名小吃。在济南，甜沫摊遍布大街小巷，人们会排起长队等待一碗热腾腾香喷喷的甜沫。甜沫其实是咸的。选用上好小米浸泡后磨成小米糊，熬煮时加入花生米、豇豆、红小豆、粉条、豆腐皮和菠菜等辅料，以姜葱末"倒炝锅"，加胡椒粉或"五香面"提味儿，并点入少许香油。这款小吃适合作为味重美食后的一道解腻小食。

◎ 油旋

油旋是济南名小吃。外形似螺旋，表面油润金黄，故此得名。一股浓郁的葱油香气会从旋纹当中慢慢散发开来。吃油旋要趁热吃，如若配上一碗鸡丝馄饨，可谓物美价廉、妙不可言的组合。油旋有圆形和椭圆形两种。更有精细者，在油旋成熟后捅一空洞，打入一个鸡蛋，再入炉烘烤一会儿，鸡蛋与油旋成为一体，食之更美。

【济南的地标符号】

◎ 趵突泉

趵突泉公园位于济南市中心繁华地段，南倚千佛山，北靠大明湖景区。趵突泉是泉城济南的象征与标志，是以泉水为主题的特色园林。园中最出名的当属被誉为"天下第一泉"的趵突泉，是济南"七十二名泉"之首，至今已有2000多年的历史。趵突泉是公园中的主景，泉水分三股，澄澈清冽，昼夜喷涌，水盛时高达数尺，颇为壮观。

◎ 大明湖

大明湖位于济南市中心偏东北处、旧城区北部，历史悠久，是由济南众多泉水汇流而成，是繁华都市中一处难得的天然湖泊，济南三大名胜之一，也是泉城重要风景名胜、开放窗口和闻名中外的旅游胜地，素有"泉城明珠"的美誉。园内水陆美景连绵不断，也是当年名人雅士的聚集之地。这里有老舍纪念馆以及辛弃疾生平事迹展的稼轩园。

◎ 千佛山

千佛山坐落于济南市区南部，与趵突泉、大明湖并称"济南三大名胜"。千佛山属泰山余脉，虽然山不高，但峰峦起伏、林木茂盛，更因古代的众多佛像石刻而出名。在这里，你可以进入拥有将近 3 万尊佛像的万佛洞一探佛教秘境，或是去兴国禅寺游览；登上山顶可俯瞰济南市区全景，风光无限。

济南的最佳旅游季节

济南地处中纬度地带，属于暖温带半湿润季风型气候。其特点是季风明显，四季分明。春季干旱少雨，夏季温热多雨，秋季凉爽干燥，冬季寒冷少雪。年平均气温 13.8℃，最高月均温 27.2℃（7 月），最低月均温 −3.2℃（1 月）。

济南旅游四季皆宜，春天柳絮蒙蒙，夏天荷花盛开，秋天诗情画意，冬天雪花飘飞。但如果想观赏著名的趵突泉，建议在 2、3、7、8、10 月这几个月份去济南旅游。

来济南需要了解的方言

行走在陌生的城市，不免会接触到当地方言。语言是一座城市的文化血脉，懂得当地的语言也就能越发贴近它的市井生活，触摸到它的历史痕迹。济南方言属北方官话系统。济南方言以市区的旧城区（今历下区）为代表，特点是豪爽快直、坦诚相见。下面就让我们一起来了解一下济南的方言吧。

和时间有关的济南话：

天行——天上；成天——整天；早心——早晨；老时节——很长时间；夜来——昨天。

和食物有关的济南话：

滋泅滋泅——指慢慢喝酒，滋润一下；束拉——放到嘴里舔；齁咸——很咸的味道；甜丝丝的——味道很甜；稀甜——味道很甜；细溜——形容很细、很苗条；面兜兜的——很面；皮艮——指食物受潮不脆不酥，不好咬；噶拉油子——酱油；螺丝猪薰——竹笋。

对人的称谓：

老师儿——济南人与人之间的相互称呼；临身家——邻居家；老生子——最小的孩子；磨子——小男孩。

对动物的称谓：

老鸹——喜鹊；凝尺钩子——泥鳅；邪乎链子——壁虎；长乙巴狼子——黄鼠狼；老烧狗（烧雀狗、烧雀）——蝉蛹；姐了归儿——知了；刀浪（轻声读）——螳螂；蜓蜓——蜻蜓；家雀子——麻雀；长虫——蛇；乖子——蝈蝈；饿狼柱子——蜘蛛。

其他日常用语：

目量——指猜测、估计的意思；相中（xiāng zhòng）——看好了，选中了；么——济南人最常用的词，指什么；冷——特别的；杠塞来——很好玩；棱（棱好）——很、非常；喜得上——很喜人，高兴；母有（母家，母家有）——没有；揍饭——做饭；知不道——不知道；晃悠——无目的的散步。

济南的历史与城门楼

　　济南是中华文明的重要发祥地之一，2000多年的历史中，中国原始部落的首领舜在这里诞生、龙山文化在这里发迹、李清照从这里汲取养分。那么，您知道济南这个名字是怎么来的吗？中华人民共和国成立后，济南的行政区划几经变化。每一次的变化和当时的政治经济、城市发展有怎样的关系？

　　济南的老城墙和城门，见证了济南的战争与和平、衰落与兴盛，于开合间维系着经济与文化、历史与今天。那么，您知道历史上济南城一共有多少个城门吗？开门关门有什么讲究吗？

　　让我们一起来看看济南城的过往与变化……

济南的历史文化

济南的名字是怎么来的

　　每个城市的名字都是经过长时间历史和文化积淀才形成的，一个城市的名字往往被赋予这个城市在某个时期某一方面的特点。那么，您知道济南这个名字是怎么来的吗？

　　水是生命之源，无论是生活所需，还是工农业的发展都离不开水。所以，中国古代城市几乎都起源于江河流域，济南也不例外。

　　古时候，中国有四条独流入海的大河，分别是长江、黄河、淮河和济水。其中济水发源于河南济源市王屋山上的太乙池，流经济南，然后从山东半岛入海。济南之"济"指济水，而且因为地处济水之南，故称为济南。"济南"这一地名第一次出现在《史记》中："割齐之济南郡为吕王奉邑。"之后，"济南"这一名称便广泛出现于古籍中。

济南地图

以济水为名的城市还有济源、济阳、济宁等。济源意味着济水的源头，济宁则表示济水中间北上最安宁的地方。虽然随着历史的推移和地貌的变迁，济水通而复枯并最终成为黄河的一个支流，但是济南等地的名称保存下来，并一直沿用到今天。

济南为什么能成为省会

省会是一个省的政治、文化、经济、科教和交通中心，济南为什么会成为山东省省会，这要从济南历史发展说起。

我们已经知道济南这一名字最早出现于汉代，而在此之前济南是商王朝的一个方国，春秋时期被齐国所灭。战国时期，济南称历下邑，成为齐国西边的要地。秦始皇统一中国后，在全国实行郡县制，这时的济南属于济北郡，称为历下县。其后济南设为济南郡，汉文帝十六年（公元前164年）设济南国。辖境约当今山东省济南历下区、市中区、天桥区、槐荫区、历城区、长清区、章丘、济阳以及滨州市邹平县等市县。直到晋朝，济南郡的治所才由平陵城转到历城，就是现在的济南旧城区，是济南地区的政治中心。从此济南市区正式成为郡所在地，经扩大整修后成为初具规模的中等城市，而原来的平陵城逐渐衰退。东晋时济南郡隶属青州。隋唐时期改为齐州。宋朝时，济南属东京路。此时的济南已成为中国赋税最多的地区之一，而后在金更是成为重要的盐运集散地。元初升为济南路，明初改为济南府，洪武九年（1376年），省治由青州移治济南，济南遂成为山东首府，是山东布政使司、都指挥使司及按察使司驻地。明清以来，济南府一直为山东的治所，1948年济南成为济南特别市，1949年正式改为济南市。

历史上青州曾经是山东区域的政治中心之一，但自明朝以后，济南成为山东省省会且一直延续至今。这不仅与其深厚的文化底蕴有关，还与其得天独厚的中心位置有关。另外，济南以农业为基础的经济实力和作为军事重镇，也是使其成为省会的重要原因。

中华人民共和国成立后济南的区域划分是怎样的

中华人民共和国成立以来，济南的行政区划几经变化，而每一次的变化都是和当时的政治经济、城市发展相协调的，具有当时的鲜明特征。

1948 年 9 月 24 日，解放济南的战役结束后，济南划为特别市，1949 年 5 月改为济南市。那时济南市辖区面积并不大，和北京、南京等大城市一样，沿袭革命战争年代传统，济南市将辖区按数字顺序划分为第一区至第十一区。1950 年，改为市区 6 个，郊区 5 个。1951 年，增设了郊六区。这之前辖区都是以序数命名，直到 1955 年 9 月，根据国务院关于"市辖区应改为地名称呼"的指示，将第一区和第二区合并，因其大部分区域在千佛山（古时称为历山）之下，故更名为历下区；第三区因辖区内拥有泺水之源——趵突泉而更名为泺源区；第四区改称天桥区，以辖区内纵跨京沪、胶济两铁路之天桥而得名；第五区改称市中区，因地处市区中部而得名；第六区改称槐荫区，以辖区内槐荫街及古之大槐树庄而得名；郊一区至郊五区分别更名为黄台区、北园区、段店区、药山区和玉符区；撤销了郊六区。1956 年，泺源区撤销并入其他 3 个市区，同时撤销黄台、北园等 5 个区，设立郊区。这样，各辖区合并为五大区，即历下区、市中区、天桥区、槐荫区和郊区。

1980 年 3 月，根据山东省革命委员会批复，重设济南市郊区。调整后济南市共辖历下、市中、天桥、槐荫、郊区 5 个区和历城、章丘、长清 3 个县。

随后的变动没有大的变化，只是将区划分得更加规范细致。其后平阴、济阳、商河 3 县划入济南市。1987 年，历城县撤销，改置历城区。2001 年，撤销长清县，设立济南市长清区。2016 年，撤销县级章丘市，设立济南市章丘区。至此成为如今的 7 个市辖区和 3 个县，分别是：市中区、历下区、天桥区、槐荫区、历城区、长清区、章丘区和平阴县、济阳县、商河县。

"泺"字是济南独有的吗

泺最早出现于《左传·桓公十八年》——"公会齐侯于泺"。齐国和鲁国因边界争执发生战争，公元前694年，鲁桓公与齐襄公相约在泺谈判边界问题。清代段玉裁在《说文解字注》中对"泺"注为："泺，泺水，齐鲁间水也。从水，乐声。"其实泺是泺水的源头，就是今天的趵突泉。因为趵突泉水流出时有落差，故"泺"做河流名称时读音与"落"一致。在北魏地理学家郦道元所著的《水经注·卷八·济水二》中也有记载："泺水出历（城）县故城西南，泉源上奋，水涌若轮。泺水北流为大明湖，西即大明寺，东、北两面则湖。"

济水因为流经很多地方而留下很多地名，然而，与"济"字不同的是，"泺"这个地名古往今来都是济南所特有的，所以完全可以作为济南一个特别的简称。

安阳殷墟的甲骨文是中国可以释读的最早的文字，在收集、整理的10万枚有文字的殷墟甲骨片中，发现其中的一枚刻有一个"泺"字。这是第一次在文献中有关济南的文字记载，距今已有近3500年的历史。

诗人赵孟頫赞道："泺水发源天下无，平地涌出白玉壶。"张养浩吟道："酒吸华峰月，诗吟泺水春。"毫无疑问，他们描写的都是济南风光。

孟姜女哭长城发生在济南吗

孟姜女哭长城的故事想必大家早有耳闻，它是我国古代著名的民间传说，与《白蛇传》《牛郎织女》《梁山伯与祝英台》并称为中国四大民间爱情传说。但你知道孟姜女是在哪里哭长城的吗？

各个地区孟姜女的故事不尽相同，其中流传最广的版本是秦朝的：孟姜两家是一墙之隔的邻居，孟家的瓜秧顺着墙爬到姜家结了瓜。成熟后，孟姜两家就准备将瓜平分，结果打开一看瓜里面是个小女孩。孟姜两家甚是欢喜，将女孩起名为孟姜女，并共同抚养。长大后的孟姜女非常美丽而且聪明伶俐，有一天，她在后花园遇见了一个私闯进来的年轻人。

经过询问得知，此人名叫范喜良，姑苏人氏，因秦始皇修建长城抓壮丁而逃了出来，在此躲避官兵。问清原委后，出于同情，孟家就收留了他。不久，孟老汉看范喜良一表人才，便订下了他与孟姜女的婚事，谁知，才成亲三日，范喜良就被闯进门的官兵带走了。自此孟姜女日夜思君，眼巴巴地盼了一年，不光人没有盼到，连信也没有。孟姜女实在放心不下，就一连几夜为丈夫赶做寒衣，决定亲自去长城寻夫。一路上跋山涉水、风餐露宿，终于来到长城脚下。几经打听，才得知范喜良早已劳累而死，尸骨被筑入长城。孟姜女悲愤交加，在范喜良被埋葬的长城下痛哭十天十夜，直哭得天摇地动，长城为之倾塌八百里，露出了范喜良的尸体。

孟姜女的故事一代代口耳相传，其原型在历史上并非毫无根据。最早被记载于《左传》："公元前549年，齐将杞梁在莒国战死，杞梁妻迎丧于郊。相传她哭夫十日，城墙为之崩塌。"次见于《礼记·檀弓下》中引曾子的话："齐庄公袭莒于夺，杞梁死焉。其妻迎其枢于路，而哭之哀。"孟姜女的传说时代背景是秦朝，而杞梁妻哭夫发生在早于秦朝的春秋。那时秦长城还没开始修建，而历史更为悠久的齐长城已存在。所以根据年代推算，杞梁妻哭的不是秦长城，而是齐长城。泰山研究学者根据肥城陶山幽栖寺唐开元八年《优婆夷阿刘造石浮图铭》中相关记载，

孟姜女哭长城石碑

证明至迟在唐代，孟姜女的原型杞梁妻所哭之城为齐长城。齐长城始建于春秋时期，完成于战国时期，历时170多年筑成，迄今已有2600多年的历史。它西起济南大峰山，东至黄海海滨，逶迤山东十三县，长达千余里。

因此，尽管真相已经随时间的流逝而模糊不清，但由残存的文献和进一步的考证，我们有理由相信，孟姜女哭长城的故事可能发生于济南。

"舜耕于历山" 是在济南吗

舜是上古部落的首领，五帝之一，姓姚，名重华，字都君，因国名为虞，故史称虞舜。舜统治的时代属原始社会，早于夏朝。虽然夏朝被认为是中国最早的朝代，但中国文明的起源远远早于夏朝，所以舜并不是传说人物，而是真实存在的。

自古以来，关于舜的传说有很多，在《孟子》的"生于忧患，死于安乐"中有"舜发于畎亩之中"，意思舜是在田野中被起用的。舜的出身很卑微，虽然是颛顼的后裔，但往上五世都是庶人。而且舜因为母亲早逝，父亲再娶，年轻时候的遭遇很悲惨。舜的父亲瞽叟是个盲人，对继母生的儿子象很是喜爱，却对舜百般刁难，

舜耕于历山

甚至多次想要杀死他。有一次，他让舜修粮仓的屋顶，却在下面放火想烧死他。舜靠着两只斗笠做翼，从房上跳下来逃走了。后来，瞽叟让舜下到井里挖井，等到挖得很深了，就和象一起填土想要活埋舜，幸好舜提前留了个出口才躲过一劫。但对于这些，舜并不在意，他依旧对父亲和继母非常孝顺，对兄弟象也十分友好。正是这些崇高的德行才使得尧对他非常赏识并让位于他。

《墨子·尚贤下》中记载："是故昔者舜耕于历山，陶于河濒，渔于雷泽，灰于常阳，尧得之服泽之阳，立为天子，使接天下之政，而治天下之民。"

《孟子·离娄下》中有："舜生于诸冯，迁于负夏，卒于鸣条，东夷之人也。"这说明舜一生都活动于东夷地区，即济水之间和泰山地区。而济南千佛山古时曾用名历山，这可以上溯到西周时期。此外，千佛山的别称还有"舜山""舜耕山"等，可见，"舜耕于历山"发生在济南的

济南的历史与城门楼

可信度非常高。如今在济南市内还保留着各种以舜命名的地名，如"舜井""舜耕路""舜华路"等。

历史上济南发生过哪些战役

济南以美丽的自然风光和深厚的文化底蕴闻名，同时也成为历代兵家必争之地。那么，你知道历史上济南发生过哪些著名的战役吗？

靡笄之役：公元前557年，晋国讨伐齐国，齐灵公亲自率齐军迎战于靡笄山，春秋时的靡笄后称历下，即今天的济南。这场战争以齐国败退为终，随后晋军长驱直入包围临淄，烧杀抢掠，往东一直到胶水，往南一直到沂水。因为齐军坚守城池，晋国才退兵。

靖难之役：洪武三十一年（1398年），明太祖朱元璋去世后，皇太孙朱允炆继承皇位，年号建文。建文帝登基后，因忌惮各藩王势力雄厚，便准备削藩，首当其冲的就是势力最大的燕王朱棣。朱棣察觉到建文帝的意图，一面称病装疯，一面暗中谋划，举兵谋反并控制了北平。建文二年（1400年），燕王出师南伐，他认识到济南在战略上的重要性，若夺取了济南，进可南下金陵，退可划黄河割据。于是在5月，便兵临济南城下，山东参政铁铉召集溃散的将士，与诸将饮血为盟，誓死保卫济南。这场战斗异常激烈，自5月打到8月，朱棣围城数月不下，最终只能撤围离去。3年后，当燕王攻破南京即位后，将铁铉凌迟处死。后人因铁铉忠烈，便在大明湖建祠祭祀。

济南战役：在解放战争时期，济南作为津浦铁路和胶济铁路的交会点，是连接华东、华北地区的战略要地，因此蒋介石下令固守。1948年中秋节这天，指挥官许世友一声令下，济南战役正式打响。为了实现解放济南的战略目的，贯彻实施了"本次作战，主要是攻克济南，其次才是消灭一部分援兵"的作战方针，以主攻打援相结合的方式，经八昼夜的激烈攻坚作战。在敌人援军还没集结完毕前，看似庞然大物的济南城就被攻下来了，全歼守敌10.4万余人。

为什么说济南战役是三大战役的序幕

1948 年 9 月 24 日，济南战役结束。在汇报战况的电报中，粟裕向上级提出淮海战役的必要性。10 月 4 日，决定攻打锦州，拉开了辽沈战役的序幕。因此周恩来说：济南战役是三大战役的开端，决战阶段的主要标志是三大战役，三大战役的序幕是济南战役。

为什么济南战役如此重要呢？这可以从两个方面进行解释：一是济南战役对敌军的影响；二是济南战役对我军的意义。

对敌军主要是士气上的打击。蒋介石拒绝了美国军事顾问团团长巴大维"退出济南，把军队撤至徐州"的建议，下令固守济南，以期达到隔断华东和华北解放区的联系，并钳制华东地区唯一的强大军事集团——山东兵团不能全力南进的目的。但蒋介石的计划被解放军仅用 8 天的时间便打破了。美联社电讯说：济南的解放是人民解放军"动摇蒋介石政权根基"的一个军事胜利。

济南战役的胜利，对我军的激励是多方面的。首先，攻克济南说明人民解放军的作战实力已经是国民党无法抵御的了，这给接下来整个辽沈战役奠定了心理支撑。其次，攻下济南使华北、华东两大解放区连成一片，为随后的淮海战役创造了有利条件。还有就是在济南战役中实行的"攻城打援"战略，在接下来的三大战役中起着重要作用。

乾隆与夏雨荷的故事是真的吗

"皇上，你还记得大明湖畔的夏雨荷吗？"这是琼瑶剧《还珠格格》里的一句台词。随着《还珠格格》的热播，这句台词也在网络上大火了一把，同时，让济南大明湖的旅游热度也一路飙升。那么，在大明湖畔，乾隆真的遇见了夏雨荷吗？

乾隆一生风流倜傥，喜好游山玩水，尤对江南秀丽的景色流连忘返。凡所到之处，必会产生大量诗歌和逸闻。但是根据《乾隆帝起居注》记载，乾隆其实只到过济南一次，有九次路过却没有进城。

唯一一次是 1748 年正月,乾隆恭奉皇太后东巡,一同前往的还有孝贤皇后。他们先游览了著名的孔庙,随后登泰山,回宫的最后一站便是济南。在济南城中,他们来到趵突泉,乾隆还为趵突泉题字。其间,当然也游览了大明湖。此时是难得的可能遇见夏雨荷的机会,但不幸的是,孝贤皇后突然病重,在返程的船上病逝了。这对乾隆的打击非常大,因为夫妻 22 年,感情甚笃,孝贤皇后也被后人认为是乾隆唯一爱过的女人。

此后,乾隆虽然多次路过济南却终究没进城。乾隆三十年(1765 年),当他第四次下江南路过济南城时写诗道:"济南四度不入城,恐防一入百悲生。春三月昔分偏剧,十七年过恨未平。"此时距皇后富察氏去世已经 17 年,但他依然怕触景伤情,感情之深可见一斑。所以电视剧中的故事再凄美也只是琼瑶杜撰的;就算夏雨荷真的存在,也只能是孝贤皇后的影子。

身为济南相的曹操为什么会选择隐居

曹操的一生事业是从济南起步的,在他的《让县自明本志令》中有:"孤始举孝廉,年少,自以本非岩穴知名之士,恐为海内人之所见凡愚,欲为一郡守,好作政教以建立名誉,使世士明知之;故在济南,始除残去秽,平心选举,违迕诸常侍。以为强豪所忿,恐致家祸,故以病还。"那么到底发生了什么才让曹操不得不"以病还"呢?

曹操出身于官宦世家,养祖父是太监曹腾,侍奉过四代皇帝。年轻时的曹操放荡不羁,并未展现过人之才,却被名士认为是"君清平之奸贼,乱世之英雄"。直到 30 岁时,爆发黄巾起义,曹操追随皇甫嵩、朱隽进攻起义军立下战功,受到朝廷的重用。当时济南

曹操

国在 10 年间换了 27 任相国，刚挂印而去的那位音讯全无，朝廷一时无人可派，便选中了曹操。

新上任的曹操很想在政治上有所作为。当他了解到济南地方官员贪污了绝大部分民众集资修建庙堂的钱，便组织人力，拆祠毁庙，摧毁贪污源头，同时对贪官污吏进行处理。这是历任国相均不敢管，也不敢向朝廷举报的，但曹操一上任就奏免了百分之八十的贪官。这使得济南的风气一时大为好转，百姓安居乐业，社会稳定。但与显赫的政绩同时到来的便是打击报复。因为济南范围广大，豪强贵族根深蒂固、盘根错节，曹操损害了他们的利益，使得贪官与豪强都对他恨之入骨。曹操心知必会因此招致祸端，只做了一年的济南国相，便向皇帝请辞，选择了归隐。

值得说明的是，曹操做济南国相时不仅在政治上得到了历练，而且在朝廷上树立了名声，这都为其后成为一代枭雄奠定了坚实的基础。

康有为为何提议建设新济南

康有为是戊戌变法的领袖人物之一，活跃于晚清社会，一直试图向西方寻求真理以救国图强；也曾提出过许多建议，其中之一就是提议建设新济南。

康有为曾先后七次上书光绪帝，主张变法。变法失败后，康有为流亡国外 16 年，直到 1913 年才回国。

1917 年，康有为 60 岁的时候，第一次来到济南。那是为躲避北京政府的通缉而在济南转站去上海。尽管只是匆匆路过，却对济南留下了深刻的印象。

1923 年 5 月，康有为再次来到济南，成立了孔教会。在繁忙的社会活动之余，遍游济南的风景名胜，并留下不少诗文。在诸多景点中，康有为尤其对城东北的华不注山——也就是当

康有为

地人口中的华山情有独钟，于 1923 年 6 月 17 日专程游览华山。华山留下众多名人遗作，北魏郦道元在《水经注·卷八》中记道："济水又东北，华不注山单椒秀泽，不连丘陵以自高；虎牙桀立，孤峰特拔以刺天。青崖翠发，望同点黛。"

李白在《古风·昔我游齐都》中称道："昔我游齐都，登华不注峯。兹山何峻秀，绿翠如芙蓉。"

他在《新济南记》里赞美道："南京壮矣，然钟山紫金峰下，谢公墩、鸡鸣埭、北极阁皆略连属，不能尽断。惟北京之翠微山、煤山，乃在平地中高峰突起。扬州则七星山至属冈，亦平地崛起。如苏州之横山，则略断而再起，已稍逊矣。皆所谓鲜原可度者也。然山水之美，皆不若华不注也。""然今亦不必移也，但开一新济南，尤美善矣。"

言下之意即最好建设一个新济南。对这一宏伟设想，康有为不仅从风水角度进行了解释，还从交通、住宅、学校等多方面提出了具体方案。

虽然康有为的设想并未实现，但如今济南东拓北跨的势头已经非常明显，这与康有为的设想也算不谋而合。由此，康有为的独具慧眼和深谋远虑可见一斑。

为什么济南的经纬路与地理上的经纬不同

如果在济南街头细细观察就会发现，济南的道路是以经纬来命名的，而且济南的经纬路是和地理上的经纬相反的。为什么会这样设计呢？

对此，有很多解释，其中一个就和韩复榘有关。一天，韩复榘坐在办公室，一士兵进来报告说，要给济南道路命名，问怎么办？韩复榘的桌上放着一个地球仪，他看了看地球仪，拍着光脑袋说，就用经纬来命名吧，东西为经，南北为纬。士兵将错就错，就这样一直延续至今。

还有一个说法比较有信服力，就是古时的纺织业称织物中"长者为经、短者为纬"。以经纬命名的道路最初在商埠区，当年的商埠区东西长为 5 公里，南北则不到 3 公里，于是就将南北方向的道路命名为"纬"，从东起十王殿的"纬一路"依次向西排列。将东西方向的道路称为"经"，从北以铁路为限的"经一路"向南依次排列。经纬之间的短纬路一般命名为小纬路，现在，济南仍有小纬二路、小纬六路。

　　无论何种原因，以经纬命名道路的城市并不多，像济南这样经纬颠倒的更是独一无二。这无疑给济南平添了一份特别与神秘，吸引更多人去了解它。

济南的城门楼

历史上济南城共有多少个城门

老济南的城门见证了济南的战争与和平、衰落与兴盛，于开合间维系着经济与文化、历史与今天。那么你知道历史上济南城一共有多少个城门吗？

经历了数百年的建筑与修缮，济南城墙最终建成内城外圩，到民国时期已经有19座城门。济南城在宋朝时期是土城墙，明朝洪武初年将原来的土城加固，以砖石重修。在护城河内是内城，最初只开了4个门：东城门名为齐川门，西门为泺源门，南门是舜田门，也称历山门，北门称汇波门。这4座城门都有比较雄伟的城楼。

到清朝光绪三十年（1904年），济南开埠，商业迅速发展，为方便交通，济南又在内城右方新开四门：东北为艮吉门、东面为巽利门、西南为坤顺门、西面为乾健门。

清朝中后期，为防御捻军，在济南城外挑壕修筑了土圩城，即外城墙，并新建了7座城门，分别是：东为永靖门；东南永固门；南岱安门，又称南圩子门；西南永绥门，位于今泺源大街与顺河街交接路口，又称杆石桥圩子门；西永镇门，位于今顺河街与北坦大街交接路口，又称英贤桥圩子门；西北济安门，又称北小门；东北海晏门，又称菜市圩子门。随后又开了普利门。

到民国时期，随着商埠日盛，又立麟祥门，也称林祥门。后来又开了中山门和新建门。至此济南内外城共开了19个城门，分别为内城之齐川门、泺源门、历山门、汇波门、乾健门、坤顺门、巽利门、艮吉门；圩城之岱安门、海晏门、永固门、永靖门、永镇门、永绥门、济安门、普利门、麟祥门、新建门、中山门。

济南为什么有"四门不对"的说法

旧时济南民间有一句谚语说："三山不显出高官，四门不对出王位。"那么济南城为什么有"四门不对"的说法？

原来济南最初建城和大多数古城一样，是按照方形修建起来的。明代重修后在东西南北各开设一个城门，分别是东门—齐川门，西门—泺源门，南门—舜田门和北门—汇波门，共4个城门。本来按照中国传统建筑布局应该是整齐对称，在南北城门之间有一道中轴线，与东西城门之间的道路相交处，有一个十字路口，将古城分成相对均匀的四部分，但济南的城门却不是这样的。济南的东济川门偏北，而南历山门偏东，

老济南的城门图

西泺源门偏南，北汇波门居中。这使得对门不仅不遥遥相对，而东门与西门、南门与北门都不在一条直线上。这就形成了济南城独特的"四门不对"的格局。为什么济南城会这么设计呢？

原因就在于济南的泉水。由于泉水众多，在附近汇聚成大明湖，济南城因地势依大明湖而建，北门正对着湖泊，和南门不在一条直线上；同时，东门偏北靠近大明湖，而西门偏南靠近趵突泉，所以东西门也不在一条直线上。

正是这种独特的格局，使济南历代屡出名人高官，并且有多个藩王在济南建王府，如珍珠泉的德王府，解放阁片区的东西小王府街，明代的宁海王、宁阳王一东一西建造郡王府。济南名士袁世凯更是登上帝位，虽然只有短短的83天，可见"四门不对出王位"所言不虚。因此，济南文史专家王军认为，"四门不对"可能在风水学上暗合了一种可以聚财纳气的吉象，所以过去人们拿这种城市格局来解释济南的人杰地灵。

济南为什么有"北门不开"的说法

同"四门不对"一样，"北门不开"也是在老济南民间流传的一个说法。北门既然被称作门又为何不开呢？原来其中原因与唐宋八大家之一的曾巩有关。

这里的北门，即大明湖东北角汇波楼下的汇波门。汇波门最初称为北水门，是宋神宗熙宁五年曾巩任齐州知州时所建。曾巩见济南虽然以泉水闻名天下，但是众多的泉水也是一个隐患，一到夏天雨水季节，城北因为地势比较低经常会发生水患。作为齐州一把手的曾巩为了解决这个问题，在经过实地考察之后，便向朝廷上书申请经费开凿一条渠道，这就是北门。北门两侧可走车马，中为水路，水路中设有以杆树为材料制作的闸门，可以控制大明湖出水量。济南内城众泉汇流至大明湖后从该门泄出，入北护城河，然后流进小清河。由于济南旧城地势为西南向北、向东倾斜，一般降雨时城门可起泄出城内积水的作用。大雨时可紧闭城门，将城区与蓄洪区用城墙隔开，从而阻止洪水倒灌。水门不是用于通行的，旧时规定每年春末夏初开放北门，初冬关闭。一般都是夏季开门放水，天旱或水潦时，则关门闸水，以保证济南城内水位的平衡，并防止城外河水的倒灌。由于城门大部分时间是关着的，因此民间就有了"北门不开"的说法。曾巩也因解决了水患，深受当地老百姓的爱戴。

到元代初年时，在北水门上又加建了汇波楼。楼面阔七间二层，四周白杨簇拥。这使得北门更像一座城门了，而且风景秀美。元代散曲大家张养浩在《登汇波楼》一诗中赞道："何处登临思不穷，城楼高倚半天风。鸟飞云锦千层外，人在丹青万幅中。景物相夸春亘野，古人皆梦水连空。浓妆淡抹坡仙句，独许西湖恐未公！"

中华人民共和国成立前，汇波楼毁于战火。1982 年，济南市政府重建汇波楼。新楼基本保持原貌，为一座"悬山歇山重檐"七间城楼式建筑，位于 7 米高的北城门之上，巍峨壮观。整个建筑由 88 根红柱承托，飞檐斗拱，上下两层均环以回廊，门、窗、扇雕等传统花样图案，点金彩绘，堂皇典雅。楼南二层檐下，悬"汇波楼"金字匾额。

值得一提的是，汇波门是如今济南老城四门中唯一还"健在"的城门。现在我们可以看到这个精妙的水利工程和城门上汇波晚照的美景。

燕王朱棣曾差点在济南城门前丧命吗

济南历来是兵家必争之地，济南城门更是见证了各路英雄豪杰为了争夺它而浴血奋战。其中也不乏主宰历史的风云人物，燕王朱棣便是其中一位。

燕王朱棣

明朝初年，朱元璋死后，驻守北京的燕王朱棣为与侄子朱允炆争夺帝位，于建文元年发动了"靖难之变"。次年 4 月，朱棣在济南城外大败李景隆，随之包围了济南城。时任山东参政的铁铉誓死保卫济南抵抗燕军南下，致使朱棣攻城三个月不克。铁铉非常机敏，在战事危急之际，揣摩朱棣想不战而屈人之兵的心思，于是决定实行诈降的计谋，在城门暗置千斤闸，诱杀朱棣。

当朱棣从西门入城受降时，铁闸轰然而落。可惜的是，没能结果朱棣的性命，只砸死了朱棣的坐骑。朱棣大怒，决定用数门大炮轰击城内。眼看济南城快撑不住了，铁铉又计上心头，将朱元璋的画像悬挂于城头，又书写神主牌位，分置垛口。燕军不敢开炮，济南城才得以保全。燕军于9月4日解围而去，从此南伐不敢再取道济南。后来，燕王朱棣登了大宝，回兵北上攻打济南，铁铉被俘惨死。

如果朱棣被城楼上落下的铁板砸死的话，中国明代以后的历史将改写。

为什么解放阁建在旧城址上

解放阁是济南市的著名景点，为山东省省级重点文物保护单位，也是济南爱国主义教育基地之一。站在解放阁上，人们既可凭吊先烈英雄事迹，又可俯瞰黑虎泉景致，饱览泉城风光。不仅如此，由于解放阁建在旧城址上，是老城墙残留的唯一的历史遗迹，人们可以一窥老济南城墙当年的雄伟之势。那么为什么解放阁建在旧城址上？

原来解放阁所在之处就是"打开济南府，活捉王耀武"的攻城突破口。当年在这座城墙上曾矗立着一座建于清道光六年（1826年）巍峨壮观的"魁星阁"。阁内供魁星——文曲星神像，魁星做执朱笔点状元状，吉星高照，紫气东来。被世人视为"龙脉入城之处，文运昌盛之地"。不过，自晚清至民国，一直文运不佳，而"武运"昌盛。王耀武困守孤城的时候，便因势利

解放阁

导，把它充作城头弹药库。1948年，一个月明星稀仲秋之夜，解放军进攻济南，从这座魁星阁下，轰塌一道城墙缺口，打开了胜利之门，攻入济南府。后来为了纪念济南解放，在旧城城墙因城市建设而拆除时，特意将当年作为突破口的东南城角保留下来，使之成为高10米、占地2150平方米的方形台基。在其南侧墙面上镶嵌了陈毅题写的"解放阁"3个大字。此时，这里是有台无阁的。这种情形持续到20世纪80年代初，中共济南市委、市政府决定在台上建阁，以缅怀革命先烈。1985年，开始于台上建阁，1986年9月24日落成。此阁通高30米，面积620平方米，为二层楼阁式建筑。直到今天，解放阁一直承担着爱国主义教育的任务；同时也是对旧城墙的缅怀。

济南的南门外三怪指什么

济南民间一直流传着"南门外三怪"——"走桥不见桥，流水把桥绕，狮子头上一座庙"的说法，那么南门外三怪具体指的是什么呢？

济南老南城门

这第一怪说的是南门外沟上的一座桥。这座桥先是拱桥，后来为了方便行走，便改为平板桥。渐渐地，桥的两边被各式各样的铺子所占据，行人经过时根本看不到两边的桥栏，走在桥上像是走在巷子里，所以便有了"走桥不见桥"的说法。

第二怪说的也是一座桥。这座桥位于岳庙前街和佛山街之间，因为年久失修，大部分被埋在砂石之下，只留下一段不大的桥脊和两旁的石栏。当年老人们乘凉时便喜欢坐在栏杆的柱头上，长年累月，坐的人多了，柱头也变得黑亮光滑起来。桥下有一条沟，从桥的西侧绕过，流水顺着沟渠从桥旁经过，这就是"流水把桥绕"了。

第三怪"狮子头上一座庙"讲的是一座小佛龛。中华人民共和国成立前，南门大街中段西侧的两家店铺之间有一个一米宽的小巷。为了制止人们往巷子里倾倒污水，两家店铺便在巷子口立了一座石狮子。后来，在巷子中建庙时便把狮子砌在墙里，只留下狮子的前部在外，猛地一看好像是狮子头上顶着一个佛龛。

尽管如今南门外三怪的景象已荡然无存，但流传下来的这段话依旧能生动地展现老济南当时的生活状态，承载了道不尽的历史。

济南为什么在城墙上修马路

20 世纪 30 年代，济南不仅有城墙，而且城墙上有马路，马路上跑着旅游车。那么城墙马路到底是怎么产生的呢？

1931 年，山东省政府主席韩复榘鉴于财力不足，无力修复五三惨案期间炸毁的各个城楼，便拆除泺源门、齐川门、历山门，在城墙上开辟了一条环城马路。车道起点在泺源门北侧，汽车和人力车沿斜坡可登上城墙。韩复榘的参谋长兼山东省汽车路局局长刘熙众买了一辆载重 1.25 吨

济南旧城墙

的美国载货汽车，装上车篷和两排能坐 18 位乘客的长条椅子，用作旅游车。汽车由泺源门盘桓登城，沿城墙顶驶至北极阁，往返运行，按点发车。乘客多是逛大明湖的游人，票价每人一角。

倪锡英在 1936 年所著《济南》一书中写道："济南城区里，还有一件足以称述的事情，便是城上汽车道，这是各省各地没有的，而独济南有之。在济南内城十二里周围的城头上，辟着一条广阔的汽车道，这汽车道的起点，是在靠西的泺源门口，从平地建着斜坡通到城头上，仿佛一座桥面的坡度一般，到了上面，可以绕城一周，仍旧在泺源门的另一个斜坡上下来。那城上的交通非常有趣，路的宽度可以交行过

两部汽车，两旁还留有人行的余地，假使你坐了汽车到济南城头上去遛一趟，那是再开心也没有的事。你可以望见那大明湖，那内城外城的屋脊，都在车轮下面流过，你仿佛坐了飞机一般，在济南的城上兜了一个圈子。"

可以说，济南城墙上的马路见证了济南公交、济南高架路的发展历程，有一定的历史意义。

老城墙曾救了大明湖吗

城墙救湖的说法看似怪异，却可以说是名副其实，没有老城墙就不会有如今的大明湖。

1948年济南解放后，城内到处残垣断壁，百废待兴。由于多年战乱，济南著名的景点大明湖因疏于管理而濒于淤塞，再加上湖周围全被湖民圈地侵占，大明湖几乎要变成一片沼泽地。因此有人建议干脆将大明湖给填了，平整成土地。

眼看风景秀美的大明湖将不复存在了，幸好时任济南建设局局长的牟宜之作出了保护大明湖的决定。与此同时，济南政府决定拆除残存的

大明湖

旧城墙。于是在牟宜之的主持下，用部分拆下来的砖石垒起了大明湖的石岸，有效地防止了大明湖的淤塞，这才使得我们今天能看到美丽的大明湖。

济南的老城墙虽然不在了，但它们换了另一种存在形式，继续守护着这座城市。当你欣赏大明湖的景色时，不要忘记老城墙的"舍生取义"，说不定脚下踩的那一块就是曾经矗立600多年的那座城墙。

为什么要拆除济南旧城墙

近世所见的济南府古城墙，有600多年的历史，始建于明洪武四年（1371年）。后经明代五次大规模修建，才有了高广雄伟、蔚为壮观的济南府城墙。那么如此壮观的城墙为什么会被拆除呢？一个重要的原因就是历经五三惨案和济南战役的炮火，济南的城墙已经变得千疮百孔，无法和城楼巍峨的北京旧城墙相比了。

对济南古城墙的破坏，最早的一次是1928年五三惨案期间。日军在千佛山、齐鲁大学高地架炮，轰击济南城，古城西门、南门、东门瓮城均遭重创。其中以泺源门、西北角城墙（后已）破坏得最为严重，西门箭楼完全毁坏。

1930年9月，韩复榘主鲁后，无意修复五三惨案期间破坏的城墙，遂将泺源门（西门）、齐川门瓮城（东门）、历山门（南门）三门拆除，利用城墙修建了一条城墙上的环城马路。

1948年，济南战役打响，华东人民解放军分别从新东门、东南角楼、坤顺门等处通过爆破的方式向城内国民党军发起强攻，导致新东门、东南城墙等处遭到了严重的破坏。

1950年时的城墙已经到处是残垣断壁了，为了市政建设的需要，济南市人民政府下令拆除老城墙，采用以工代赈及义务劳动的方式施工。最初拆除的是残存的城门及城墙最外面的青砖，这个工程断断续续地持续了十多年，残存的土墙直到20世纪60年代才清理干净。

古代从济南进京必定要走西门吗

明代诗人、济南名士王象春有"古道朝京踏作河，寒泉无奈热肠何。东门一样垂官柳，只是西门送客多"的诗句。这生动地体现了古代旅人游子都是从西门告别亲人家乡，踏上旅途的。

实际情况也是这样。由于济南南依群山，北靠小清河及黄河，这就使得济南城从南北方向出城都不便利，于是西门就成为济南出城的必经之地，西门道也成为济南与京城之间来往的官道。

西门外官道形成于明代，东起济南城西门外估衣市街，经筐市街、花店街、迎仙桥街至永镇门外馆驿街，然后再折向北到北京。据明末崇祯《历城县志》记载，当时济南的集贸市场绝大多数都集中在这条官道周围的西关地区，有粮市、菜市、藕市、柴市等大大小小的市场十余处。

西关地区历史上不仅是济南的贸易繁华之地，其战略地位也相当重要。西门外的迎仙桥和永镇门即为西关官道上的重要防御节点。迎仙桥旧名"迎恩桥"，明正德十五年（1520 年）修建。桥长 14 米，宽 5 米，为三孔石拱桥。民国《续修历城县志》中称其"当省城孔道，北走燕冀，东连齐鲁，为济南咽喉重地"。永镇门为同治四年（1865 年）修建，城楼高三丈，内部为两层，城楼向外有 4 排共 16 个箭孔，比济南其他圩子城门楼都要高大。

济南的街桥与地名

　　城市的街桥连通地域，地域相通延伸出这座城市的脉络。作为代表城市面貌与交通往来的工具，那一座座横亘在泉城上的古桥，经历了什么？留下了哪些耐人寻味的故事？

　　这些街桥巷道和济南一起经历着朝代的更迭和城市的发展，有的成为景点，有的则没落或消失。这些街桥巷道，有的以饮食文化命名，有的和名人相关，有的仅仅是为了方便用东南西北来命名。

　　这一街一桥，当你走过，也就经历了它的沧桑。

济南有趣的街桥

半边街真的只有一半吗

半边街是济南一条古老而又极具特色的街道。它名称别致，地势非比寻常，那么这条街为什么叫半边街呢？

半边街位于济南内城墙的东南角外护城河的南岸。街道呈东西走向，长500多米，著名的黑虎泉坐落在它的中段。整条街道横向呈台阶形，错落有致，别具一格。街道南侧的房屋高于街道，家家户户门前都有十几级的台阶；街道北侧的房屋低于街道，只露出部分房顶。走在街道上，一边是一排高台子大门，另一边可以远眺护城河对岸的树木、行人、城墙，还可以听到河边嘈杂的戏水声和水鸭的鸣叫。由于只有一半，所以叫作半边街。半边街的地势是一个宽大的四层台阶，街道路面在上面第二层，距护城河的水面还有十几米。街道中还有两条直通河边的坡道，向南可连接司里街和所里街，供人们到泉边取水，所以又被叫作"水胡同"。

著名作家艾芜和妻子蕾嘉曾在半边街上散步，取道游览黑虎泉，并留下《珍珠泉和黑虎泉》一文。

如今，半边街的街北边依旧没有住宅，街南与司里街、所里街都建了住宅楼。

翔凤巷是济南最窄的胡同吗

翔凤巷西起芙蓉街，东到平泉胡同，是济南最窄的一条小巷，宽度仅为80厘米。因为这条小巷在两边房子之间，所以起初称作"墙缝巷"。

这条巷的名字背后有个故事。当年清军打进济南，活捉德王朱由枢，放火焚烧德王府，使王府西边濯缨湖等一大片地方渐荒而为民所用。濯缨湖也被人们称为王府池子。一些有钱人看好这块风水宝地，想办法在此买地建房。

翔凤巷

那时翔凤巷东段两边盖的房子，因墙隔太近，巷道只能走一个人。路南、路北各有一个在济南做买卖的章丘人，他们隔路相对建房。两人一看，如继续学东边建房，这条巷就变得太狭窄了，于是提出"让一让"，彼此都把房朝后建一点。从这两家始，巷内西段再建房都"让一让"，终于使道路宽了一些。后来人们便把小巷叫"让让巷"。但章丘人把"让"发音成"浪"，"让让巷"变成了"浪浪巷"。为了让巷名更好听，有人便建议叫"墙缝巷"，因为这条小巷是在两边房子之间形成的。这一叫就是好多年。后来，巷子里出了个文化人，他说巷子里有个起凤桥，咱就以"墙缝巷"为谐音，叫"翔凤巷"吧，让凤凰飞到这里图个吉祥。现在街中一间房的墙上，仍嵌着清咸丰元年"翔凤巷"的刻石。

你知道东流水其实是街道名吗

听到东流水这个名字，相信很多人会认为是一条河流或者小溪的名字，但在济南，东流水是一条街道的名字。

东流水街位于天桥区辖区内，东靠护城河，西靠五龙潭。古代这里溪流交错，来往要乘小船，故称"船巷"。据《历城县志》载："船巷，西门外，城下……一名东水流。"《齐乘》载："城西石桥北，城下……一名东水流，泉傍疏甲，经冬常荣，流入城河。"过去街上曾有古温泉、月牙泉、北洗钵泉、洗心泉、静水泉、回马泉、贤清泉、显明池等。有些泉水汇合向东流入西护城河，长年水流不息，因此得名东流水街。

东流水街

东流水街长 410 米，宽 4.5 米。这一带古时是大明湖所在，后来湖泯没，人们在这里建园居住，如朗园、漪院，就是有名的私家园林。古时趵突泉水至西门，东流水街一带经华山由羊角沟入海。那时两岸垂柳，舟帆掩映，风景绝佳。《聊斋志异》的作者蒲松龄在清康熙三十九年（1700 年）秋到济南物色菊种，曾作《辛未九月至济南游东流水，即为毕刺史物色菊种》七律诗，详尽描述了东流水"溪穿小苑如墙流"，再现了"家家泉水，户户垂杨"的景色。

因五龙潭公园扩建，东流水街有大部分已并入公园中。原东流水街 111 号曾是中共山东省委秘书处，红色花岗石上刻有中共"一大"代表董必武的七绝《忆王尽美同志》：

四十年前会上逢，

南湖舟泛语从容。

济南名士知多少，

君与恩铭不老松。

东流水街在历史上就是文人骚客、名商巨贾、政客名流云集的地方，是有名的访友会客、把盏谈天之地。东流水附近名胜古迹众多，其中最有名的便是"秦琼寺"和"关帝庙"。

五里牌坊这个名字是怎么来的

在济南，人们习惯称经十路西头路南附近的地方为"五里牌坊"。关于"五里牌坊"的由来，据一些民间传说和旧书记载大致是这样的：

清代在山东布政使司衙门西边的双忠祠边上，有一居民陈定九，身边有两个女儿，长女志芳，次女信芳。二女见无兄无弟便"矢志不嫁，以善父母"。嘉庆六年春，陈病故，到了秋天其妻也病故。"二女尽其所有以为殓，日夜哭不绝声"，后双双缢死于其母棺旁。街坊怜姐妹之孝，同葬此处。到嘉庆十三年（1808年），官府感念其孝节，便在此立坊。

据载，牌坊为石质，高约3米，宽2米，两底座上竖东西两根石柱，上镌刻"绢七尺于灵前至死不悔，随双亲于地下携手同行"，石柱上端两层横梁，中间刻"旌孝双亲"，横梁上端为龙纹花卉顶罩。人们俗称此坊为"孝女坊"，后因此坊距城五里，便俗称此坊为"五里牌坊"了。

一百年前的五里牌坊距城区较远。此地原为一片乱坟岗子，大约在20世纪20年代中期，有一些贫苦人家来此搭棚栖身，随后逐渐形成以棚户为主的居民区。中华人民共和国成立后，人民政府将五里牌坊划分为五里牌坊南街、五里牌坊西街、五里牌坊东街和五里牌坊北街四条街。

五里牌坊

济南人为什么称普利街为"一步一个老字号"

普利街最早叫柴家巷，因这条街上卖柴的较多而得名。关于柴家巷最早的记载是明崇祯六年（1633年）。据《历乘》载："三元宫（道教庙宇），一在杆石桥，一在柴家巷。"柴家巷东起筐市街南口，西至会仙桥，北有靖安巷，南有郝家巷、西券门巷，全长417米。

清代咸丰年间，因修筑圩子墙，将柴家巷与街西头会仙桥之间的通道堵死；清光绪三十年（1904年），济南自开商埠，为便于城区与商埠间的交通，1908年在永镇门与永绥门之间，也就是会仙桥头，增开普利门，取"普遍得利"之意。普利门与圩子墙内的柴家巷贯通，此后街随门名，柴家巷便改称普利街，会仙桥更名普利桥。民国十三年（1924年）《续修历城县志》中记载："柴家巷今称普利街。"

普利街西接商埠的东西主干道——一经二路，东经估衣市街与西门相通，普利街成了往来于老城与商埠间的"黄金通道"。因此这里生意繁忙，店铺拥挤，一度成为商业聚集的"金街"，许多老字号也纷纷来此开设分号。20世纪五六十年代，如果外地人要来济南，一定会有人嘱咐："别忘了逛逛普利大街，捎点东西回来。"当年老济南人曾用"一步一个老字号"来形容这条街，足见其在当时的地位显赫。

一提起普利街上的老字号，很多老济南可能首先会想起赞玉堂药店，毕竟在这条街上，赞玉堂药店的年岁最久。赞玉堂开设于清光绪二年（1876年），最早位于岳庙后街西首路北，后来在普利街开了分号，以批发、零售中草药和中成药为主。赞玉堂的绝活就是秘制的"膏丹丸散"，药效独特，在当时的济南可谓"无人不晓"。除赞玉堂外，街上还有赫赫有名的大同西药房和厚德堂药店。后者是天津厚德堂分号，绝活是独家药方"百草丹"，专治妇科疾病，当时也是非常畅销。赞玉堂西邻普利街58号就是曾经大名鼎鼎的大生东杂货店，创办于20世纪20年代，是主营纸张、糖和海味的百货店。当年这里出售的海参、鲍鱼等名贵海产品以货真价廉著称。20世纪50年代，大生东被改为中东旅社，后来则变成大杂院。

一提起普利街上的普华鞋店，很多老济南都会记得礼服呢的牛皮底鞋。普华鞋店原先在普利街南侧，后来挪到了街北。如今，有幸保留下来了。

济南著名的老马家开设的鸿祥永绸布店也位于普利街上。老马家指的是章丘明水马锡田。鸿祥永绸布店开设于1896年，当时马锡田得到了孟洛川的帮助才得以开业。鸿祥永绸布店是济南绸布业五大家之一。治香楼百货店可以说是济南百货业最有名气的老字号之一；泰康食物店是济南最早生产罐头、饼干的一家最大的食品公司。还有以皮薄、馅多、味美、灌汤而誉满泉城的草包包子和早就消失了的谦祥益绸缎店、谦恒吉鞋店等。

此后，普利街就成了串起老城区和商埠区的商业要道，是济南这座历史文化名城近代历史的缩影。

鞭指巷这个名字和乾隆有什么关系

位于济南市古城区省府前街以西、泉城路以北是一条颇有名气的老街，长348米，宽3.5～5米，名字叫作鞭指巷。

据说，这条街是由乾隆命名的。有一年，乾隆巡游江南路过济南的时候，看到一条小街中商品琳琅满目，十分感兴趣，便扬鞭一指，问道："这街叫什么名字？"大臣你看看我，我看看你，不知道怎么回答。此时，军机大臣刘墉，也就是民间所说的"刘罗锅"越班而出，对乾隆说道："万岁御鞭所指，可名鞭指巷。"乾隆皇帝大悦，为此奖赏刘墉。山东巡抚、布政使即传告济南知府和历城知

鞭指巷

县："皇帝恩允赐街名，乃千古未有之幸事，实乃济南全城之恩荣，速即改称。"从此鞭指巷的名字就在济南叫开了。

鞭指巷不长，但是里面居住的名人可不少。最有名的便是陈冕，他是清朝时期济南府出的唯一状元。位于鞭指巷的状元府是由陈冕的祖父陈显彝建造的，陈冕在这里出生，在这里病逝。

除此之外，鞭指巷中部还有一家"熊家扁食楼"非常出名。

双忠祠街是为了纪念谁的

双忠祠街在鞭指巷以北，是济南老城区的一条东西小街。清初街上建有双忠祠，是为纪念明末在济南死难的山东巡抚宋学朱和历城知县韩承宣建立的。双忠祠位于双忠祠街西首，据说当年建祠时，掘地而成泉。现今双忠祠已然不见，只有仍在喷涌的泉水还在追思着昔日的英魂。

据史料记载，明崇祯十一年（1638年），李自成率领的农民起义军节节胜利，关外清兵乘明朝人心涣散之机大举进攻，所过府、州、县城全被攻陷，并连破临清、武城、茌平，12月下旬到达济南城下。山东巡抚宋学朱正在章丘巡查，闻报后急回济南，与布政使张秉文、历城知县韩承宣指挥守城。当时城内只有乡兵500人和莱州援兵700人，而且大部分为老弱病残。清兵十余万围攻济南，用炮火云梯猛烈攻城。济南坚守9昼夜，终因兵力悬殊，张秉文在西门大街巷战中战死，其妻女眷属投大明湖自杀。山东按察副使、盐运使、兵备道、济南知府、同知、通判、都指挥使、儒学教授、历城知县韩承宣等全城官员和守兵全部遇难。

清兵攻入济南之后，大肆抢掠，将年轻妇女、少年掳走。"杀掳人丁八千八百五十一丁"。济南府属所有耕畜被清兵掠夺殆尽，这在济南历史上可以说是一场空前的灾难。

清政府在巩固统治后，为了"教忠教孝"，居然褒扬抗清明臣。其间，为纪念宋、韩二人忠贞殉职，于1706年在济南建立"双忠祠"。祠内原来有丰碑四座，均由名家撰文书写，可惜后来均下落不明。建祠掘地时忽然涌出一泉，水流不息，清澈甘美，遂以祠命名为"双忠泉"。山东督学赵申季作《双忠泉记》，勒石于泉边。双忠泉和双忠祠于中华人民共和国成立前祠毁泉埋，泉址上建了民居。2000年，有关部门修复了双

双忠祠街

忠泉。该泉还曾被列入清代郝植恭的《七十二泉记》中。

秋柳园街和王士禛有什么关系

秋柳园街位于历下区大明湖办事处辖区内，是一条东西走向的街道。东起汇泉寺街，西止学院街北口，北邻西镰把胡同，南通皮家胡同。门牌为1—29号，2—16号。长130米，宽3米，是石板铺的路面。

它因为一座叫作"秋柳园"的老宅子而得名。秋柳园又以"秋柳"诗而得名，《秋柳诗》是清初诗人王士禛的大作。王士禛于顺治十二年（1655年）考中进士，两年后的秋天游历济南，与诸名士畅饮于明湖南岸的天心水面亭。正值八月，明湖岸上垂

秋柳园街

柳拂水，柳叶染秋；亭下水里柳逗池鱼，荷惊浴鸟，便触景生情，有感而发，即兴赋《秋柳》诗四首。诗中句句写柳，而通篇不见柳字，令人拍案叫好。此诗一出便震惊当时文坛，用他的话说便是"和者甚众"。在大明湖汇泉寺附近有座小桥，上面刻有"秋柳桥"三个字，据说王士禛曾在此读书。历下文人在这里成立了"秋柳诗社"，并建馆多间，名为"秋柳园"。文人聚此观柳赏荷，即兴赋诗，挥笔联句，步韵唱和。清代朱照云的"数椽馆舍明湖侧，后辈人传秋柳章"、董芸的"霜后残荷雨后萍，几株烟柳尚青青"，咏的就是"秋柳园"。门前的这条街也就被命名为秋柳园街。

据说，秋柳街11号院就是王士禛这位大名鼎鼎的诗人的故居，即"秋柳园"旧址。这个砖石结构的二进院落，因了文人的才气和泉水的灵气，三百余年过去，仍显得精致而韵味十足。老街、小巷、名泉、青苔与青砖灰瓦的老房浑然一体，街因泉充满灵性，泉因人富有生气。如

今，虽然秋柳园馆舍已无，但泉水流淌，溪桥仍在，秋柳园街这个名字仍然在。

起凤桥是济南最小的桥吗

起凤桥街是济南老城区的一条东西小巷，东起西更道，西至芙蓉街，全长不足百米，却有一桥两泉。腾蛟泉在起凤桥街与王府池子街交叉的巷口，起凤泉在该街的 9 号院内，起凤街和起凤泉都是因街巷中部的起凤石得名。

起凤桥极小，桥宽约 2 米，长约 3 米，可以说是济南最小的桥了。桥面铺着的几块厚厚的青石板早已被岁月磨得光可鉴人。王府池子溢出

起凤桥

的泉水由南向北流过桥下，然后又穿街过户一路蜿蜒至曲水亭、百花洲，汇入大明湖。

清顺治年间，起凤桥头曾建有一座"腾蛟起凤"的牌坊。"腾蛟起凤"源自唐朝王勃的《滕王阁序》："腾蛟起凤，孟学士之词宗。"形容人很有文采，宛如蛟龙腾跃、凤凰起舞。

起凤桥紧邻贡院及文庙，古代赶考秀才前来祭拜孔子必经石桥，拜孔子，入府学，"腾蛟起凤"是对他们青云之路的祝福。

关于起凤桥名字的由来有一个故事，那是乾隆爷与刘墉的一段绝妙对话。传说有一天，乾隆和刘墉走在济南府的云路街上，刘墉回想当年经过此地去文庙拜见孔子的情景，兴致颇高。"皇上请看，此桥叫'青云桥'，意为平步青云，桥那边的牌坊坊额上写着'腾蛟起凤'，臣就是从这桥走过，中了举人，又考中进士、殿试，中了状元的。"话音未落，雨点就落了下来，二人急忙下桥避雨。忙乱中，刘墉不小心撞在石柱上，头上顿时起了一个包。过后，刘墉摸着头，吟了一首打油诗："云路街上

多风沙，青云桥下起疙瘩。热血曾想忧国民，化作冷雨浇笨瓜。"乾隆随即和诗一首："云路街上练真情，起凤桥下铸英雄。天生我材必有用，别忘祖宗和百姓。"乾隆回京后，下旨将青云桥改为起凤桥，云路街改为起凤桥街，以安慰刘墉。

大板桥与小板桥有什么关系

　　大板桥位于原大板桥街的西口夹河上，现在位于趵突泉公园的民俗文化街的南头。古称广会桥，始建年代不详。1633 年《历乘·建置》记载："广会桥在趵突泉下流。"1771 年《历城县志·山水考》载："泺水又北分二渠名曰夹河，以防山水暴涨也。平时东流恒微皆有桥，旧以木为之，名大板桥即旧志之广会桥也。"大板桥据古桥附近至今仍存的那块已残缺的清同治四年（1865 年）《重修广会桥碑记》碑文记载：桥的初创年代不详，明弘治年间曾重修。此后"桥为水所冲激，倾圮者大半。且地当街途，车辙马迹，面已多损"。经同治年间的再次重修，才又"焕然一新"。该桥是青石板铺成的单孔小拱桥，半人高的桥栏杆的抱鼓

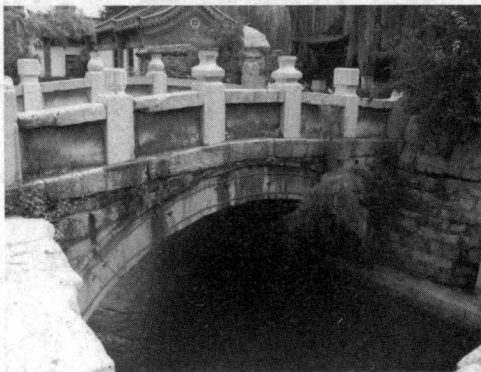

大板桥

石上有精细的雕刻，桥型结构为单孔石拱桥，长 8 米，宽 3.5 米，孔净跨 6 米，净高 2.5 米，桥栏杆亦为石结构。昔时在桥边还铺有通往水面的台阶，是为了便于附近居民下河洗衣、洗菜。广会桥名称的由来和从前济南城市西南部的发展状况有着很大的关系。济南旧城的西南城门叫坤顺门，通往城外的桥叫坤顺门桥，始建于清代光绪年间。清末还没有开通坤顺门，落成坤顺门桥之前，人们从城内去趵突泉，必须出西门，经广会桥。由城西南经趵突泉至西门进城，广会桥也是交通要道。由于它广

42

会四方往来的游人客商，从而就有了"广会"之名。尽管如此，"广会桥"这个名字早已被老济南们淡忘了。在他们的印象中只有"大板桥"。

大板桥在过去是典型的江南水巷。河里的水是趵突泉的泉水，清澈见底。西面是济南著名的花墙子街和剪子巷，北面就是涤源桥和东流水，一直到大明湖。

大板桥北望百米便是小板桥，小板桥原名"众会桥"，"众会"和"广会"的含义相去不远。桥型结构为五孔石板桥，桥长8.8米，宽3.2米，面积28.16平方米。桥下中孔净跨1.69米，板拱厚0.35米，净高1.15米。据考证，该桥始建于清朝中叶，为石板涵桥。因桥体小，又靠近大板桥，故取名小板桥。趵突泉西支流处除了小板桥，在这条小水巷上还有两座小桥：一是小板桥东的石板桥；一是小板桥东南的石板桥。这里水巷、民居、小桥，融为一体，其情景恰如明代济南诗人王象春《齐音》中那首题名为《北溪》的七言绝句所描绘的："一曲溪流一板桥，浣衣石面汲泉瓢。家家屋后停织女，树底横舟手自摇。"

大板桥与小板桥一拱一平，一高一低，一曲一直，两相对比，各有特点，相得益彰。

你知道济南也有一座永济桥吗

河北省涿州市有永济桥，辽宁省沈阳市也有，那么你知道，在济南也有一座永济桥吗？

济南这座永济桥坐落在平阴县东阿镇浪溪河上，原名浪溪桥，距县城25公里。桥型非常雄伟，南北望去横卧如虹，远近驰名，距今已有400多年的历史。它是济南市现存跨度最大的古石拱桥，山东省艺术价值最大的古石桥之一，也是

永济桥

全国重点文物保护单位。

济南永济桥最早修建于明弘治十三年（1500年），当时垒石为三孔，后被水冲毁。嘉靖三十三年（1554年）改建为一孔木桥，高四丈，更名为"永济桥"。隆庆三年（1569年）重修，稍减其高。万历四十年（1612年）全部用当地的青石板材重修后砌成单孔拱桥，也就是今天人们看到的样子。桥为单孔拱形，桥长55米，宽6.25米，全部用青石砌成。桥面两侧护栏，以栏板和石柱扣结而成。栏板上雕刻着精美的云朵图案。石栏与石栏之间的石柱上雕有坐狮、石猴、蘑菇。雕刻精细，形象逼真，栩栩如生，大小挨依，神态各异，乃石雕之精品。最引人注意的是，桥上两侧各有16根方形石望柱，望柱顶端雕有石狮和石猴。一共有18个，南北对称分布，形态各异，有坐有立。有的表情活泼可爱，有的庄重威严，有的左掌拿球，有的右掌扶球，还有双掌抱球的石狮。这些形态各异的石狮，充分体现了当时的雕刻水平。可惜的是，如今多只石狮都已破残，桥东端望柱上的两只石猴也是大半被毁。其余望柱上雕的是圆球。在桥的南北两侧拱额中心，各雕有一大型龙头。北面龙头的嘴巴已经破损，南面龙头相对完整。据称，这两个龙头有"镇水"的作用。当地人还把这座大石桥的石刻编成小曲——"十八个狮子一对猴，二八一十六个蘑菇头。独石一百零八块，南北三十个流水沟"，传唱至今。

济南永济桥是一座能供车马行人往来的桥梁，而且具有相当高的艺术价值和观赏价值。经历了400多年的风雨侵蚀和战火损伤，依旧屹立如初，实属罕见。

剪子巷的得名与剪子有关系吗

剪子巷位于趵突泉公园北部西侧，是一条南北走向的街道。北起共青团西路，南止花墙子街，西通盛堂巷和五路狮子街，东连大、小板桥街。街长214米，宽约4～7米。由于巷子北段大多为经营剪刀、车马配件的铁器店，其中尤以制作剪子闻名，故而老济南人们给它起了一个带有浓重行业特色的名字——剪子巷。

剪子巷南端的花墙子街与趵突泉"三股水"隔墙相望。在剪子巷街上行走，能听到趵突泉公园内泉水汩汩的声响。过去剪子巷店铺密集，街面用石板铺成，泉水从石缝中汩汩冒出，水流成河，清澈的泉水终年流淌不息。步行经过这里的人，或脚踏水中的砖石上跳跃而过，或脱掉鞋、袜蹚水而行，正所谓，"清泉石上流，人在水中走"。那时随意掀开一块石板就是汩汩的清泉，泉水清澈，水流纵横，泉水不息。妇女浣衣洗纱，老人在树荫下纳凉，小孩子们蹚水玩耍，不是江南，胜似江南。

剪子巷

剪子巷还记录着济南因兴修水利使得城市发展的历史。古时济南地势低洼，涌泉湖泊密布，那时剪子巷一带是一片沼泽。宋熙宁年间，济南太守曾巩在大明湖北岸筑江波楼，疏导城区积水。宋金之交的1137年，又开凿小清河，将济南北部泉水引入渤海，城区由南向北逐渐涸为平地。明洪武四年（1371年），济南重建城墙，挖掘了护城河，至此济南发展为山东最大的商业城市，铁业、盐运和棉织业最为兴盛。明代中叶，西关一带集中出现铁具作坊。清康熙、乾隆年间，剪子巷借趵突泉名胜和西关码头之地利而兴起。所以，剪子巷有着深厚的历史底蕴，是一个非常值得游览的地方。

曲水亭街曾是文人们"曲水流觞"的地方吗

在小兴隆街西口附近的河东岸，原有三间草房，名曲水亭，坐东朝西，房前屋后，小溪弯弯，流水潺潺，垂柳依依。亭门悬挂着郑板桥撰写的对联："三椽茅屋，两道小桥；几株垂柳，一湾流水。"街以亭而得名，亭以水而命名，水以曲而著称。

老济南人有一句顺口溜"三更道、四更道、王府池子二郎庙"，指的就是王府池子街、芙蓉街、曲水亭街等老街。在这些街道中，曲水亭街连接大明湖、百花洲、王府池子、芙蓉街，北靠济南天下第一泉风景区大明湖；南接西更道；东望德王府北门；西邻济南府学文庙，文化气息尤为浓厚。

曲水亭街

曲水亭和曲水亭街曾是文人荟萃之处。文人们在此下棋、聊天、品茶。大书法家王羲之在《兰亭集序》中所说的"引以流觞曲水"就是这个意思。北魏郦道元在《水经注》一书中写道："历祠下泉源竞发，北流经历城东又北，引水为流杯池，州僚宾宴公私多萃其上。"流杯池即今王府池子，池水北出，曲折东流是为曲水河。旧时，每年农历三月初三，各地文人墨客都要相邀聚会于此。这一天，人们要到水边洗濯以消除不祥，文人称此为"修禊"。"修禊"完毕后，宴会开席，文人便开始"曲水流觞"的诗酒盛会。放着酒杯的木质托盘顺流漂下，漂至拐弯处，往往会停止不动。只要酒杯停下，最近处的人就要端起酒杯一饮而尽，然后吟诗一首。如吟诗不佳，便会被罚酒。据说，这种曲水流觞盛会一直流行至清代。此外，曲水亭街也是蒲学专家路大荒的故居地，如今故居还保持着原状。

曲水亭街挨着的河水是珍珠泉和王府池子流来的泉水汇聚的，格外清澈，水中绿藻飘摇。据说当年乾隆早就听说老济南有个曲水亭，街上有个曲水棋社，很想来看看。一日，他和刘墉私访来此，见河中清水潺潺，水中水草摇曳，两位浣女河边洗衣，不由自主地赞叹："真是我大清的一处风水宝地啊。"刘墉接话："皇上，前面建有曲水流杯池，'曲水流觞'诗酒盛会再加上野餐宴乐，那才叫人间一绝呢。""刘爱卿，咱们不妨在此小酌一杯，以尽其乐。"乾隆道。于是，二人在河边一露天酒摊坐下，小二上了酒菜，君臣对饮，好不惬意。刘墉顺口吟道："愿为水草舞翩跹，浣女倩影吻我脸。今朝一梦风流尽，来日清福图再展。"乾隆向水中望去，浣女漂亮的脸庞倒映水中，水草在水中飘摇，真像是在吻浣女的脸，让人何等羡慕。刘墉自鸣得意，大口喝酒，摇头晃脑。见此情景，乾隆打趣道："刘爱卿，现在你这水草在吻什么呢？"刘墉见浣女把脚伸在水里，不停地拨弄着水草，一时不能对答。

现在的曲水亭街依然完整地保留着《老残游记》中"家家泉水，户户垂杨"的泉城风貌，是城市中难得的清净之处。

芙蓉街因什么而得名

芙蓉街是一条济南特色的老街。位于济南市中心，南临济南泉城路，北至西花墙子街南口，以街中芙蓉泉而得名。如果说"四面荷花三面柳，

芙蓉街

一城山色半城湖"是泉城济南的绝妙写照的话，那么"家家泉水，户户垂杨"就是芙蓉街及其周围地区的真实描述。芙蓉泉在济南七十二泉中名列第四十二，是名泉中极具特色的一眼。它既没有趵突泉的豪放，也没有珍珠泉的婉约，它藏身于民居之中，给人一种"藏在深闺人未识"的感觉，但是这一切都逃不出诗人的慧眼。清代著名诗人董芸在其成名作《广齐音》的压卷篇《芙蓉泉寓舍》中这样写道："老屋苍苔半亩居，石梁浮动上游鱼。一池新绿芙蓉水，矮几花阴坐著书。"

芙蓉街的建立年代已经无法考证了。根据史书记载，金、元时芙蓉泉旁边建有"姜家亭"；明朝中期，德王府古史、诗人许邦才曾在附近建"瞻泰楼"；清朝康熙年间，德王府故址建山东巡抚衙门，将德王府的西苑废为民宅，芙蓉街的路东也建起了民房和铺面；清朝著名诗人董芸曾经在芙蓉泉附近寓居……据说现在与芙蓉街一墙之隔的张家大院的张姓

人家就是明德王侍卫之后，据院子里最年长的张汝昌老人回忆，张家大院早在明朝初年就在此落户了。

芙蓉街自古以来便一直很热闹。金、明、清时，一向是文人墨客饮酒赋诗之地，清代诗人董芸曾寓居"芙蓉馆"。明清时期这条街的四周多是巡院、都司、布政司、贡院（今省政府后院）和府学衙门，良好的地理环境吸引了众多商家来此开店营业。著名的瑞蚨祥布店，清朝同治年间济南的第一家眼镜店"一珊号"，当时济南最大的百货商店"文升行"，著名教育家鞠思敏、王祝晨、许德一等人开办的教育图书社，均曾在芙蓉街落户。芙蓉街一度成为经营文房四宝、乐器文教用品、古玩字画以及印刷业为主的商业街，同时还聚集了刻字、铜锡器、乐器、服装鞋帽、小吃店等店铺作坊。街道两边店铺鳞次栉比，顾客盈门，加之街上的住户大多祖籍在章丘一带，有做生意的传统，芙蓉街也开始从单一的文化街向文化、商贸并行发展过渡。商业的繁荣也把芙蓉街推向一个异常兴盛的阶段。

如今的芙蓉街虽然没有以前风光却依旧热闹，已经成为济南的一条特色小吃街，汇聚了全国各地有名的小吃。

王府池子街因什么而得名

王府池子街原名魏家胡同，以姓氏得名。20世纪30年代初，将街南段改名王府池子街。1965年，两街合并，统称王府池子街。此街位于济南泉城路街道办事处东北部，东起西更道街，西连芙蓉街，北抵起凤桥街，南接平泉胡同。街长160米，宽2～2.5米。街道纵横交叉，南北较长，东西较短，纵向街道多有曲折。

王府池子街因街西侧有

王府池子街

著名的王府池子而得名。王府池子在唐宋时期就是一处园林胜地，原名灰泉。元代初年，都元帅济南公张荣在此建造府邸，其中的白云楼，被列入济南八景之一：白云雪霁。明代成化年间，德王朱见潾建德王府，将灰泉纳入王府西苑之濯缨湖。清军攻占济南后，废德王府为巡抚衙门，将濯缨湖划出衙署之外。因其原属于王府，故民间称为"王府池子"。后来，湖边夷平，建起民居，湖水面积不断缩小，终成今日一亩有余的一方池水。

丰水期时，泉池清澈见底，岸边垂柳依依，颇有江南水乡风韵。王府池子街北段原名魏家胡同，是20世纪60年代合并来的。街北口东墙根下有腾蛟泉，墙上还有清代流传下来的泉名刻石。王府池子和腾蛟泉皆为济南七十二名泉。一街得占两泉，为该街增色不少。

舜井街有哪些传说故事

舜井街位于历下区大明湖街道办事处辖区内，是一条南北走向的街道。北起泉城路，南止黑虎泉西路，东通宽厚所街，西通刷律巷。舜井街是一条有着千年历史的老街，以街中有舜井而得名，而舜井又以舜耕历山的典故而得名。大舜的故事济南人耳熟能详。据古籍记载，大舜幼年丧母，后母与弟骗大舜淘井，然后落井下石。大舜幸得井下溶洞逃出，也因此发掘出一处甘泉，人称舜泉也即舜井。舜泉在正史中最早统称于历山之下，唐代明确说它在此处，宋代习称"舜泉"。舜井名气很大，欧阳修、苏辙、元好问、曾巩等文学大名家都曾写诗赞美。欧阳修作《舜泉》诗，苏轼书写立碑。曾巩赞曰："山麓旧耕迷故垄，井干余汲见飞泉。清涵广陌能成雨，冷浸平湖别有天。南狩一时成往事，重华千古似当年。更应此水无休歇，余泽人间世世传。"

古老传说，济南发大水后，大禹把发水的蛟拿住，锁到舜井里，并在井上竖了一根粗粗的铁柱子，把粗如人手腕的锁蛟的铁链子从井中引上来锁在铁柱子上，让蛟在井里好好"修身养性"。蛟问："我什么时候可以出去？"大禹回答："到铁树开花的时候，你就可以出去了。"那就是

说，井中被锁的蛟将永远不能重见天日。井上的铁柱子和铁链子一直到民国时代还有。多少年来，人们去舜井里提水。井上的铁柱子、铁链子都已生锈，铁链子依旧垂在井里，可是从来没有人敢动。

往日的舜井旁还立有"龙虎护法"石碑，供有"圣井龙泉通海渊之神"木牌。街上的舜园过去是舜庙。舜庙规模宏大，殿堂宏伟，有娥英祠，供有娥皇、女英神像。园内元至治三年（1323 年）所立迎祥宫碑，系张养浩篆额，张起岩撰文并书。碑文记载了自金代兴定庚辰年（1220 年）至元至治三年 100 余年内，舜祠和迎祥宫的兴废过程。

现舜井街是一条名副其实的商业街，主要经营电子产品，以手机为主，是中国三大手机集散地之一。

官扎营真的有兵营驻扎吗

济南官扎营是一个总称，包括 4 条街，分别为官扎营前街、官扎营中街、官扎营后街、官扎营西街。散布其中的街巷还有：成丰街、成丰西街、三官街、车站后街、官后西巷、官后东巷、隆怀巷、清泉巷、顺道巷、长亭巷、双琴巷、永和巷、清鸿巷、五路巷、公盛巷、神怀巷、宝丰巷、诚源巷、永康巷、寿康巷、荟萃巷、长安巷、居仁巷、同乐巷、仁厚巷、通普巷、积善巷、德太巷、由义巷、建安巷、庆笙巷、公益里、孙家胡同，共37条，其他没有名称的还有数十条。

官扎营

官扎营形成于何年何代，民间有多种说法：一是相传明朝洪武年间已初具规模；二是大约形成于清朝康熙年间，至清末民初人口渐旺；又有一说是清道光年间建立，起因皆为此地先是有兵营驻扎，而后有百姓定居，故名"官扎营"。史料显示，官扎营街的形成，最大可能是始于清末民初之时。官扎营街有前街、中街、后街、西街，道路主要为东西走势，特点是街内有街，街内有巷，巷内有巷，七曲八拐，交错纵横，犹入迷宫。官扎街巷名称来自地理位置和人们的美好愿望，如仁厚巷，相传由旧时私塾先生命名，取仁义忠厚之意；居仁巷，意为仁者所居之地；同乐巷，为共同欢乐之意；五路巷，因该巷有五条道路相通；神槐巷，民初时巷口有一古槐而得名；通普巷，因通往商埠而得名；隆怀巷，张兴隆和李怀仁在各自的名字中取出一个字而得名；清鸿巷，由王保清和茅鸿熙共同命名。

旧时的官扎营一带粮食交易活跃，而且紧靠铁路线，先后有数家面粉厂在这里兴建。这些面粉厂带动了运输等行业。官扎营北面的工商河，与小清河相连。1925年，济南商埠总局将官扎营至泺口之间的区域拓展为北商埠。为了将小清河的航运和铁路连接在一起，便在官扎营以北挖凿了一条引河，即工商河。工商河从北闸子庄南侧的小清河起，向南穿越堤口路，再向东穿越成丰桥，至成通纱厂（今国棉四厂）西侧向北，在凤凰山庄北端入小清河，全长共6.6公里。1927年，工商河正式通航后，小清河的船可以驶进工商河在成丰桥畔停泊，极大地方便了商埠货物的进出，成就了官扎营片区贸易的繁盛。

济南的地名

济南里程命名的地名从何而来

在济南，会经常听到四里山、五里沟、七里河、八里桥这样的地名。那么这里的四里、五里、七里、八里都是从哪儿开始算起的吗？

济南以里程来命名的地名有很多，要全部列出还真有些难度。向东方向的地名有：七里河、十里河、七里堡；向西方向的地名有：三里庄、五里沟、八里桥、五里牌坊；向南方向的地名有：四里山、五里山、六里山、七里山、东八里洼、西八里洼、东十六里河、西十六里河。那么这些地名到底是从哪里算是零点的呢？不同人有不同的看法，而专家认定济南这些地名的零点应该是从济南的古城墙算起，而且这个距离应该是一个概数。

《济南老街巷》的编者、济南地名专家唐景椿认为，这些地名的零点就是"古城门"："比如四里山、六里山、七里山等应该是以南城门，也就是南门为零点，也有的认为是泺源门，也就是西门，但我认为，应该是按照就近的城门来计算；比如东边的七里河、十里河等，应该是以老东门为零点。"

唐景椿在《济南老街巷》中对部分里程街道的命名进行了解析。七里河，据广济桥石碑记载："大清乾隆四十一年，吾屯去城七里，其西有石河，循村而北，此七里河所由名也。"东十里河位于姚家镇政府东北五公里，因东邻石河又距济南府十里，故名。

还有的人认为古时的济南城远没有现在这么大，老城区就是围绕泉城路周边的一片地区。以前八一立交桥一带还是农村，因距离古城区有四里地，于是生活在那里的人便习惯地称自己居住的地方为四里村。四里村不是距离老城区最近的村子，还有一个叫三里庄的村子离得更近，只有三里，可谓就在城边。四里村依山而建，山以村名，故称四里山。在四里山的南边，依次分布着几座小山头，根据它们距离城区的远近分别叫作五里山、六里山、七里山，意即距济南市区分别是五里、六里、七里。

无论是以距古城门的距离来命名，还是距老城区的距离来命名，这些带有里程的地名都清楚地标明了它们曾经与济南城区之间的距离。现在它们都已包含在市区之中，已没有了提示距离城区多远的实际意义。但透过这些地名，我们依稀能够想见当时济南老城区的样子，它们是济南城市发展的历史见证。

洪楼是指一座楼吗

洪楼全称洪家楼，隶属于济南市历城区，简称洪楼，原指的是二战期间德国人修建的洪楼天主大教堂。在国外知道洪楼的人比知道济南的人还多。这座教堂是由奥地利修士庞会襄设计，1901年动工，1904年建成。1906年，洪楼天主教堂扩建成哥特式建筑，扩建后的教堂面积达1625平方米，可容纳千人做弥撒，非常壮观。洪楼教堂是华北地区最大的教堂。教堂体量高大，气势宏伟，平面为拉丁十字形，立面为典型的哥特式建筑风格。教堂坐东朝西，教堂的两侧立着两座石砌方形钟塔楼，塔顶高高耸起。两座钟楼塔夹着中部教堂大厅的山墙。塔楼上布满了细长的尖塔和狭长的窗户，显示了塔楼的高大。大厅山墙上挤满了密集的窗户，底层的火焰门扇上刻满生动的雕像，都充满了向上的动势。教堂的大厅十分高大，进深很长，大厅充满神秘的宗教气氛。

洪家楼天主教堂为典型的哥特式建筑，建筑结构合理，建筑质量极

洪楼

高，细部处理精致。整座建筑给人气势如虹、精雕细刻、富丽堂皇之感。虽然洪家楼天主教堂是比较纯粹的西方建筑，但是依然可以在一些细部看出中国传统的影响。教堂主厅的屋顶盖着中国传统小黑瓦；教堂中门两侧上部石墙雕有两个石龙头，龙嘴大张，怒目圆睁，雕刻生动夸张，显示了中国传统民俗文化气息。

洪楼如今已是济南市最繁华的片区之一，是济南市第二大商圈所在地。区域内有享誉海内外的百年名校山东大学，有国家级重点文物保护单位的洪家楼天主教堂，有山东省图书馆，还是历城区政府所在地，并与济南开发区毗邻。

按察司街中的按察司是什么机构

明代济南是省治，设按察使司"掌握一省刑名按劾之事"，这是集司法、监察、纪律检查于一体的权力机构。明洪武九年（1376年），"三司"（山东承宣布政使司、提刑按察使司、都指挥使司）迁来济南，《济南府

按察司街

志》载："提刑按察司署在府治东，近东城垣。明洪武中亦自青州移治于此，成化中重修。"按察司署占了原济南府署，而济南府署移至原开元寺址即今山东省政协所在地修建。

据考，约在明崇祯年间才有了以按察司署所在地而命名的"按察司街"。古时，按察司署正门大约就是现济南一中的校门处，而现在这里处于运署街中部路北。为什么按察司署的大门跑到运署街上去了呢？据载，运署街之名，是因清代盐运使署迁至"按察使司西，两辕相邻"而得名。据此看来，很可能是在盐运使署迁来前，按察司街包括了后来才有的运署街。按察司是个较大的机构，大学士商辂记载："经历司在正堂外之左，司狱司在仪门外之东。"旧志记载，按察司署原还有"照磨所在正堂右"。因一省所辖地区很大，管的事也多，所以当时除设布政、按察司外，还设有督粮道、驿传道、海道等，都划归按察司，由其副职任之。至清康熙后，原由皇帝派到省里的学政不再加按察副使衔，称为"提督学政"，按察使司就只管司法了。

马市街是因买卖马而得名吗

我们知道，西安的骡马市是因为古代贩卖骡马的市场而得名，那么济南的马市街也是因此而来的吗？

如果这么想那你就错了，济南马市街紧邻东花墙子街。该街西侧就是泮池，此街在原济南府学即孔子庙大门南侧。辛亥革命前，为尊崇孔子，经过府学门前，要"文官下轿，武官下马"；游人或来府学祭孔子的，都会将马拴在此街，故名马市街。

其实马市街并非济南独有，在全国范围内，许多学宫、文庙前大多都有马市街、马市口这样的地名。而在各级衙门中，唯独学宫和文庙将停车场修在大门前。原因是古代社会对教育的尊重，学宫及文庙前的一定距离内，不允许骑马、乘轿，不管多大的官，都要步行走到大门

马市街

前。为了保证建筑格局符合礼制，文庙内压根就没建轿马场，更不允许轿舆、马匹进入。所以，就有了文庙门前的"马市街"。

总之，可以通俗地将马市街比作过去的"停车场"。如今的马市街干净清新，不见马匹车辆，但仿佛还回旋着马儿前蹄腾空时的嘶叫声。

为什么有"司里街上看上任的，所里街上看出殡的"说法

司里街是一条位于黑虎泉南岸，东起太平街，西止双清街，北邻南顺城街、半边街，南邻所里街的济南老街巷。明崇祯十三年（1640年）《历城县志·建置考》载此街为"司街"。清乾隆三十六年（1771年）《历城县志·地域考》载："司里街：旧志作司街。""司里"为官名，是司里参军的简称。宋代济南为齐州，司里街曾是司里参军府衙门驻地。后此处住户渐多形成街巷，称"司理街"。后"理"变为里，便叫司里街。官商在街上住得多了，来来往往坐轿子的

司里街

也就多了。所以，民间就有"司里街上看上任"的说法。

司里街南面东西朝向的所里街，是因为清乾隆年间街东首有一处盐务稽核所而得名。所里街是从前城里人出殡时的必经之路，正所谓：向北一步观荣华富贵，向南一步看生死轮回。时间久了，民间便流传下来"司里街上看上任的，所里街上看出殡的"说法。直到20世纪60年代初，所里街上经营殡葬用品的还有很多。

制锦市街名字来源于济南话谐音吗

制锦市街位于济南天桥区制锦市街道办事处辖区内，分前街和后街。制锦市前街南首连朝阳街，包括铜元局街、镇武街、制锦市后街。

在清道光二十年（1840年）的《济南府城图》中，现今的制锦市街一带仍是一片水湾，名叫"三娘子湾"。清光绪年间济南开埠前《省城街巷全图》中，"三娘子湾"一带水面已不存在，是一片莲塘和蔬菜地，人们称之为"菜园子"。在此种菜种藕的农民，便用棘榛（酸枣树枝）做地界。南部山区的农民肩挑车推把棘榛运到这里来叫卖，因卖棘榛的逐渐增多，便成了棘榛市。形成街道后，人们便习惯称该街为"棘榛市"。后因"棘榛"与"制锦"在济南话中发音相近，为求其雅，遂以制锦市为名。

段店的名字是孔子再传弟子起的吗

段店的名称源自战国时期。当时孔子再传弟子、人称"河东三贤"的段干木（段干木原姓李，名克，春秋末战国初的晋籍魏人，被封于段，为干木大夫，故称段干木，辅佐魏文侯称霸中原。）路过此地，因遇大雨投宿于此。雨停赶路前给投宿的人家说：此地开店甚好，可以方便行人。因为其名望甚高，后人遵其所言在此开店纳客，久而久之，取名为"段店"。今济南段店北路街道管辖八里桥社区、段店社区、孔村社区、刘家场社区等社区。

乾隆为什么不愿再登鹊华桥

鹊华桥位于济南市历下区大明湖南门东侧百花洲北侧，是一座东西向单孔石拱桥，桥下通连大明湖与百花洲。该桥始建于宋代，曾因百花洲而称百花桥，又名白雪桥。元代改称鹊华桥，明代曾重建，清嘉庆二年（1797年）及道光五年（1825年）又两次重建。

鹊华桥高逾数丈，于其上北向远眺，近处明湖荷柳争辉，画舫往来。

远处西有鹊山侧卧，东有华山耸立，二山遥遥相对。田野平畴，房屋茅舍，皆朦胧隐现于烟雨之中。古人称此为济南八景之一的"鹊华烟雨"。清人任宏远曾有《鹊华桥诗》纪实："舟系绿杨堤，鹊华桥上望。齐州九点烟，了了明湖上。"孙熊兆有诗句

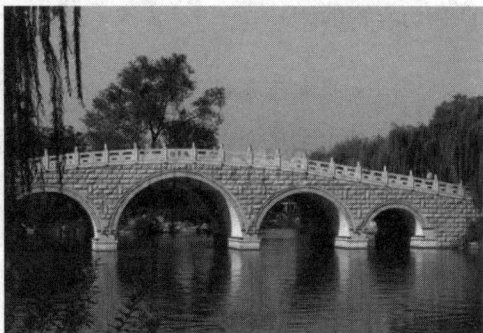
鹊华桥

云："虹桥跨绿水，桥上见华鹊。"宋元时期大书画家赵孟頫，根据这一景观，画成一幅画图，名之为"鹊华秋色图"，成为传世佳作，清代收藏于宫廷。

这一年，乾隆皇帝再游大明湖。他登上鹊华桥，观赏眼前如画景色，忽然想起宫中珍藏的"鹊华秋色图"，便立马派人去取。画图取来后，他对画观景，看景品画，兴致大发，即兴赋《题鹊华桥三首》：

> 长笛数里亘双湖，夹镜波光入画图。望见鹊华山色好，石桥名亦与凡殊。

> 大明岂是银河畔，何事居然架鹊桥？秋月春风初较量，白榆应让柳千条。

> 榆烟杏火接空丁，稳度芳堤饮练虹。李杜诗情天水画，都教神会片帆中。

　　乾隆皇帝遐思联想，由鹊华桥联想到传说中的银河、鹊桥、牛郎织女相会的故事。眼前的美景是实实在在的，而神话中的天宫则是虚无缥缈的，最后发出了还是人间大明湖更美好的感叹。

　　事有凑巧，据说他吟此诗不久，皇后富察氏（孝贤皇后）病故于德州舟次。乾隆皇帝悲伤之余大为懊恼，认为写此诗招来不祥，应了牛郎、织女相分离的事，悔恨不该乱用"银河鹊桥"的典故。三年后即乾隆十六年（1751年）弘历又驾临济南时，再也不肯登鹊华桥了，并写下一首悲切凄婉的诗：

　　　　大明湖已是银河，鹊架桥成不再过。

　　　　付尔东风两行泪，为添北渚几分波。

　　两次游览大明湖，两次题诗鹊华桥，两诗却体现了弘历截然不同的心境。

"七桥风月"指的是哪七座桥

　　七桥风月，顾名思义，是由7座景观桥组合而成的。它们在古时环绕大明湖周围，分别是芙蓉桥、百花桥、秋柳桥、水西桥、鹊华桥、湖西桥、北池桥。这些桥风格各异，有的拱身浑圆、有的规矩方正；有的精致讨巧、有的恢宏大气；有的古朴典雅、有的摩登现代；有的绿树掩映身影婆娑、有的傲然屹立姿态绰约，成为一大胜景。

　　七桥风月的由来和唐宋八大家之一的曾巩有关。当时正值北宋时期，任齐州知州的曾巩为了避开竭力挽留他的济南父老百姓，在一个夜晚，悄然踏上了赴任襄州知州的路程，怀着对济南恋恋不舍的心情，他写下了《离齐州后五首》，其中一首是这样写的：

七桥风月

将家须向习池游，难放西湖十顷秋。

从此七桥风与月，梦魂长到木兰舟。

此后，七桥风月便成了大明湖的一个别样景致流传下来了。

金菊巷的由来源于一个女人吗

济南市历下区芙蓉街片区有一条东西向的小巷，名曰金菊巷。此巷位于平泉胡同中部、翔凤巷以北，东到平泉胡同，西止芙蓉街，与王府池子街、西更道街等济南历史名街相距不远。总长不过百余米，平均

金菊巷

宽度 1.8 米。巷子虽不长，但名气很大。巷子有几处完整的四合院院落，想要感受老济南的奢华，非金菊巷莫属。

金菊巷街名源于此街住过的一个名叫菊花的女人的传说。相传这里住着一个财主，娶了一个年轻貌美的女子为妻，女子名叫"芙蓉"。后来他又娶了二房叫"菊花"。菊花为了争当正房，施用计谋使财主休了芙蓉。财主在济南府城里买了地皮盖了房子，菊花又嫌这一带以"芙蓉"命名的街太多，让财主以她的名字命名。当时金菊巷的住家还不是很多，财主便请算命先生出主意。算命先生让财主做一朵纯金菊花，并买通地方，将此地改名为"金菊巷"。据传旧时路北一户人家的影壁上，还有金菊的砖雕。

这条小巷里曾经诞生了至少三家老字号店：一是鲁菜餐饮名店燕喜堂饭庄；二是咸宜钱庄；三是英华斋装裱店。

燕喜堂老店于 1932 年 3 月开业。3 月正是南燕北飞之时，燕子报喜、燕子报春等，在我国民俗中被喻为吉祥之意，取名燕喜堂暗合此意。燕喜堂饭庄规模较大，有两个大院、一个小跨院，共计平房 29 间。其中 11

间供生产用，18间为餐饮室。餐饮室内可摆16张圆桌，能供200名顾客同时就餐。燕喜堂老店自开业至倒闭有数十年时间，经历了初创、兴盛、衰落、倒闭四个阶段。每个店面从初创能发展到兴盛，在经营管理上都有独到之处。燕喜堂老店管理经营上的独到处在于：严把原料进货关，饭菜质量高、给量足，追求薄利多销。

咸宜钱庄和英华斋装裱店也是经营有方的老店，在各自行业内声名显赫。这三家老店，为金菊巷增添了具有老字号店老街的名头。

济南的名山与胜水

  一城泉水半城湖是对济南最贴切的写照。济南素有"泉水甲天下"之誉，拥有的泉水之多，流量之大，景色之美，独步天下。济南之泉，纵横分布，错落有致。泉水叮咚与山涧美景相得益彰，才有了济南的不张扬却动人心魄的美。

  这片被天地精华滋养的水土，留下了太多大自然的鬼斧神工。知道"齐烟九点"是什么吗？凤凰山上的"曲水流觞"盛会是真的吗？药山"九顶莲花山"的美名从何而来？莲台二绝又是什么？藏龙涧真的和大禹治水有关吗？光是这些景色就已经让人流连忘返，而这景色背后的故事又为景色增添了一抹动人的色彩。

济南的名山

你知道"齐烟九点"是什么吗

济南人都知道，在济南有一处地缘文化群，名为"齐烟九点"。齐烟九点的出处在济南的千佛山。沿山路而上，有一个叫作唐槐亭的地方。唐槐亭转折处，有一座牌坊，牌坊上书"齐烟九点"四个大字，行笔潇洒秀丽，颇有神韵。这座牌坊已经有300年的历史，建于清朝道光二十五年（1845年）。它的书写者为叶圭，就是当时的历城知县。虽有"齐烟九点"仙风飘逸的四字珠玉在前，但是牌坊背后的"俯仰观察"四字也不遑多让，取材于王羲之《兰亭集序》中的名句"仰观宇宙之大，俯察品类之盛"。叶圭为什么有此题词呢？乃是因为境由心生，此处处于千佛山半山腰，能够仰观苍穹的雄伟，俯首能够看到万物兴衰。

"齐烟九点"与"俯仰观察"两词大有出处。前者出于诗鬼李贺在《梦天》中的诗句："遥望齐州九点烟，一泓海水杯中泻。"诗人以齐州指代中国；古代中国划分为

齐烟九点

九州——梦里云烟遥看中国九州，仿佛九点烟在海面上漂浮。历史上济南有齐州的称呼，叶圭在诗中所描绘的是从此北望能够看到的风景。

这些风景包括九座山，分别为：有绿秀峻拔的华不注山、碧如屏风的鹊山、巍然盘陀的药山以及错落其间的卧牛山、驴山、凤凰山、标山、匡山、北马鞍山等。

钟灵毓秀，仿佛齐州的九朵烟火，比喻得好。

标山还保存有张养浩的故居吗

关于标山，留下了很多名家篇章。尤以张养浩的《标山记》最为出名。

标山记

绰然亭西四三里，有双山曰标。各广四十亩，童无树林。东西并峙，皆青石叠矗，势陂陀可步而上。按《舆图经》无其名，盖土人以旁无他山，唯此若标可望，故以名之。其居东者上有洞如屋，可避风雨。

泰定甲子三月，命童携酒肴，偕馆客清江谕仁本登焉。始有小劳，既庚其上，神超气逸，身欲羽飞。环视众山，手若可即。其联岩属巘，盛于东南，而微杀于西北。诸支流之水，萦络交碧，练横绳引，析而复合。盖郊外可登眺者，莫此胜焉！

尝欲构亭其上，时杖履往来，以豁心目，因仍未暇。既而坐洞屋中，出觞更酌，咏古人闲适之诗，如陶、谢、韦、柳者数篇，其清欢雅思，悠然而集，若世若形，两忘其所恃。加以烟岚坌涌，相与冥合，窅乎不知余之为山，而山之为余也！

于是，仁本举酒相属曰："乐其哉，公之游乎，殆不可以无记！"遂书而贻之。

作为元代非常有名的政治家，一句"兴，百姓苦；亡，百姓苦"表达了自己的赤子之心。张养浩，字希孟，号云庄，又自称齐东野人，文

张养浩墓

采斐然。齐乃是济南的古称，张养浩以齐字入号，既表现了心之所向，又张扬了个性。标山人文气息浓郁，山水秀丽。历史上很多有名的人物都曾经在此建造别墅，定居于此。张养浩也不例外，他在标山建了一座别墅，名为"云庄"。云庄之内建有遂闲堂、处士庵、绰然亭（翠阴亭）等。"云庄"现在已经不复存在，标山上留有清朝乾隆年间的钟鼓二楼。

凤凰山上真的有"曲水流觞"盛会吗

以现代人看来，"曲水流觞"是文人的雅集，实则不然。

这一游戏来源于古老的风俗"上巳"。上巳节在周代就有记载，主要是通过清水洗涤身体，达到祛除疾病的功效。在以礼立国的时代，这是一个祈福降灾的节日，而且还有专门的司礼掌管其事。

凤凰山曲水流觞

在《诗经·郑风·溱洧》中有生动记载。

这场盛会演变为雅集，是在魏晋永和九年。东晋贵族王羲之与一干好友在兰亭进行修禊，赏玩美景之后，便举行"曲水流觞"的诗词歌赋游戏，兴到极致，当场写下《兰亭序》一文，一时间名动天下，传为佳话。

凤凰山与标山的距离极近，在标山西侧，历史上还曾经与标山同称呼。现在因为城市建设，改造了相当大的一部分山体，但是依然还有一部分景色存在。凤凰山虽然树不多，但是胜在山清水秀且山上多石洞，多受文人眷顾。张养浩就曾经与众多友人在此雅集，在山洞中吟诗作画，曲水流觞，是济南历史上的一桩美谈。

如今曲水流觞的遗迹杳无，我们只能凭着想象，在脑海中描绘古人的闲适雅趣。

你知道北马鞍山市著名的古战场吗

作为齐烟九点之一，北马鞍山也叫鞍山，海拔不过 87 米，地处济南西北部。因离市区较远，所以今日依然处于开发的阶段，尚有景色可循。北马鞍山的奇特之处在于是名副其实的土山，而且有两座。远远望去，就像是连在一起的两个馒头，东边矮一点，西边高一点，与凤凰山和标山相比，朴实无华。

要说特色和历史，北马鞍山还大有来头。齐烟九点这些小山头，大多都是石头山，唯有北马鞍山和粟山不同，两山都是土山。爬上东边的小山，走进树林，只见树丛中坟头重重，显得暮气沉沉，荒寂得令人心冷。历史记载，山西麓有明朝永乐间抗倭平寇名将卫青之墓，山东侧有明朝著名文学家李攀龙的祖茔，如今已毫无踪迹。

其实，历史上的北马鞍山还是一处非常著名的战场。从春秋开始，各国诸侯就在这里兵戎相见，合纵连横，打得好不快活。一场大战之后，这里又恢复了芳草萋萋、禾黍离离的田园景色，可怜的是那些战死的士兵，还有那些战马。当年都是战车对垒，他们成了这场大战的厚重的背景，让历史记住了这个地方——毫不起眼的北马鞍山。"九里山前作战场，牧童拾得旧刀枪"，田野平畴上，不知居住在这里的人在草丛中捡到过锈蚀的戈矛盔甲、挖到过战士的枯骨没有。按照当地百姓的话说：所谓春秋无义战，无非是抢掠烧杀，老百姓遭殃。

正如张养浩的名句："兴，百姓苦；亡，百姓苦。"

李白真的在匡山读过书吗

在济南的城区西北角，有一座默默无闻的山，因为形似一只箩筐，所以有"筐"山的名号。因为"筐"字不够高雅，后来改名为匡山。

以前山上到处都是松柏，从山上往下看，苍松翠柏一片。

匡山公园

山上曾经有一座寺院，儒道两家兼收并蓄，但以"禅"字著称。从盘山小路直上就可以到达寺内。山门之上，至今还留有"匡山禅林"的颜额。寺院的前殿牌匾写着"三元阁"，主要祭祀的神祇为道教三官之神，而寺庙的正殿供奉的则是"碧霞元君"。殿东闲堂三间。殿西院内有佛堂，祀释迦牟尼。再往西还有一个院子，院内有一怪石，如蹲如伏，似扭颈回首，有一个很神似的名字——"白虎石"。

当然，最值得一提的是禅林的后院，这里有一座"李白读书堂"。狂放不羁的青莲先生曾经就读于此，现在读书堂中依然可以看到李白的牌位。山麓的东侧立有一块石碑，上面的纪年是清康熙五十三年（1714年），距今已有300年的历史；石碑上有题字"唐谪仙青莲先生越千里到兹肄业"。

现在禅林已经面目全非，山坡西麓仅有朱庆澜在1924年题写的"李白读书处"五个大字。登上山顶，远远望去景色极美。东南为千佛山诸峰，层峦叠嶂，缥缈如在云霄间；东、北方向，"齐烟九点"明灭可见；山下四周，杨柳青翠，田圃似绣；稍远，幢幢高楼，片片绿荫，远近伸展，气势恢宏。

粟山真的很小吗

粟山在城郊西北。山较小，喻为"粟"。土层甚厚，花木丰茂，青青葱葱。上有真武庙，大殿坐北朝南，端庄古朴，有偏殿相配。外围院墙，山门面南，内有松柏、石碣，古意甚浓。可由曲径登至山顶，远眺四周景色。

但是现在，人们不大愿意去粟山观景，因为这座山就在火葬场附近，而且山上布满大大小小的坟墓，每到清明节，这里才会有几分烟火气。沿着台阶向山上走，不远就可以发现一座真武庙。庙门已经芳踪难寻，窗户也不知去向，孤零零地立着几座门楼。因为年久失修，庙里生长了很多的杂草和树木。有一株古柏"鹤立鸡群"，传说这株古柏灵气十足，许愿必成，估计都能够把庙里的神像取代了。没错，此庙无神像留存，只有一面正墙上方写有"真武庙雨善水"几个大字。地上摆有一香炉，看样子有人曾来此上香。

药山上真的有药可采吗

药山的海拔不高，仅有 125 米，却有九座山峰且山势险峻，多有怪石。九座山峰连在一起，就好像是九朵姿态万千的莲花，有"九顶莲花山"的美称。山下有山洞，山洞的上方有蜘蛛石，下方有蛤蟆石分布，坐落在济南城的东北方。又有卢山、齐山、云山、阳起山的称呼，个人觉得阳起山更符合药山的历史。从前，药山山下有几个山洞，洞中盛产一种名为"阳起石"的药石。这种石矿的产量非常低，而且开采过程十分费劲，所以在宋代一般为天子享用。

到了明朝，这能够救命的神药却成了当地百姓痛苦的源头。此石矿脉甚微，开采困难。官府大量索取，当地人民吃尽了苦头。

药山上还有一种荩草，如小竹，也可入药。

历史上，这里松柏满山，苍翠如滴。山顶上有两座庙："万寿堂"和"娘娘庙"。庙宇宏伟壮观，古朴典雅。万寿堂内塑有祀雷公、伊尹、扁鹊、淳于意、张仲景、华佗、王叔和、皇甫谧、葛洪、孙思邈等十大名医，塑像精致，栩栩如生。附近村民每遇病灾，都来焚香祀拜，以求康复。

现在，庙堂已毁，然而四周景色依然美好，尤其山以西的洋涓湖，秀色更胜于当年。盛夏时节，湖水清清，芦苇丛丛，荷花吐艳，稻禾浪涌，如锦似绣。

你知道扁鹊与鹊山的关系吗

鹊山上的遗迹非常多。山的西面有大名鼎鼎的"鹊山寺"，相传在宋代就已经存在了。寺庙由南北两个院落组成，供奉有佛陀、菩萨和罗汉像。除了这些以外，山上还有"万善寺""扁鹊祠""鹊山亭""黄桑院""二郎炕"，大多已毁。但是山上有扁鹊坟，坟墓不大起眼儿。坟前

鹊山

有一块康熙年间的石碑，上刻有"春秋卢医扁鹊之墓"八个大字。坟墓上种植着芙蓉树，枝叶繁茂，每到开花的季节，便有如织锦将坟墓遮掩。按照当地人的说法，坟墓的下方有一处小穴，耳朵凑近，能听到嗡嗡声。

鹊山在黄河北岸泺口码头斜对面。关于鹊山这个名字的由来，传说其一为每年的七八月，都有乌鹊在山间飞绕；其二是先秦时期的名医扁鹊，曾经在这里炼制丹药。山坳中，古有砖砌矮墙，墙上挂有蒿帘，内有炉灶，相传为扁鹊炼丹药处；时有缕缕青烟，袅袅上升，隐现于绿荫之中，景色奇特，人称"翠屏丹灶"，被列为旧时历下十六景之一。扁鹊死后，便葬在这个地方，所以此山名为"鹊山"。

鹊山没有主峰，远远看去翠绿如织。山上怪石嶙峋，有的突兀矗立，有的壁立千仞，有的悬空欲飞。在很久以前，这里水草丰美，树木繁茂，生长着齐鲁大地经常可见的松柏，满山苍翠。山坡上生长着许多果树，春暖花开，秋季硕果飘香。这里还有许多桂花树，每到桂花盛开的季节，清香盈野。

关于鹊山，有很多名篇留存，如明朝人刘敕咏《鹊山》诗赞曰："西北开青嶂，无峰山自奇。丹炉还历历，明月故迟迟。桃李春开日，楼船水涨时。许多寻胜者，到此好衔卮。"明朝人王象春有诗曰："万岫千岩济水蟠，如屏孤逗出河干。秋高乌鹊翔何事，霄汉空疑斗女寒。"

卧牛山为什么既是古战场，又是读书处

卧牛山在济南城郊，位于城郊北部的华山镇，因为远远望去像是一头卧牛，所以又名为卧牛山。

关于卧牛山还有一个较为正统的传说。清道光《济南府志》记载，嘉庆二十一年（1816年）夏，村民于卧牛山下发现一石，为唐代武后时期马举墓志，志文多为武后创造的文字，有"与其夫人合葬流山"之语。"牛""流"音近，据此，"牛"可能是"流"的讹传。

卧牛山的山势较之鹊山和千佛山平缓，略有回环，别有韵致。山的

卧牛山

南面，有清流缓缓向东而去。每到春日，小桥流水，杨柳垂青，红杏艳艳，麦田如茵。

卧牛山曾经是明朝人王敕读书的地方。王敕，字嘉谕，号云芝，历城人，此人一心向学，敏而好道，在成化二十年（1484年）高中探花，因此故地流传他的故事。

在秦汉时期，卧牛山是赫赫有名的古战场。道光年间《济南府志》记载，韩信带兵攻打历城，就曾经在此驻扎。

卧牛山的教派"时有斗争"，由于卧牛山自古有名，加之形势险要，景色秀丽，成为道释二教的必争之地，两家先后在此建庙传宗。先是道教，在山顶上造了玉皇庙和文昌阁等建筑。唐代佛学兴旺的时候，山南有和尚发愿建立了永平寺，信众云集。明朝成化、嘉靖和清道光时期重修碑数幢。一直到中华人民共和国成立前，每年这里都会举行盛大的庙会，庙会搭台唱戏十分热闹，还有很多村民来此地进行交易。昔日，山上有庙会。庙会期间，附近村民前来进行土特产交易，搭戏台唱戏，热闹非常。"文化大革命"后，这里很多东西都不复存在，山下金代大定十三年（1173年）祖师墓塔也由文物部门移至柳埠神通寺遗址。

现在，卧牛山的东西街还留有一株古老的槐树。树干半枯而歪斜，由石柱支撑，其形奇古，老态龙钟，却仍冠盖茂盛。作为旧时寺庙的遗物，默默见证着这里的存亡兴衰。

华山在历史上名气怎样

华山在春秋时期就非常有名。五霸中，齐国与晋国的"鞍之战"就发生在这里，《左传》记载，鲁成公二年（589年），齐顷公亲率大军在今济南北马鞍山下摆阵与晋军决战。齐顷公骄傲轻敌，不屑地说"灭此而朝食",不给战马披上铠甲就开战,最终理所当然地输了。齐顷公被晋军追得无处可逃,幸亏有忠臣逢丑父护主,换上齐顷公的衣服,而齐顷公跑到华山才得以逃脱。

华山上的历史遗存很多。金兴定四年(1220年),道教全真教宗师丘处机的弟子陈志渊在山南建华阳宫。宫内祭祀五方神圣,分别为东方青帝、南方赤帝、中央黄帝、西方白帝、北方黑帝。

明朝嘉靖年间,山东巡抚袁宗儒将之改名为崇正祠。正殿祀逢丑父、闵子骞,两庑分别祀铁铉等22人和黄福等19人。

在万历年间,华阳宫的名字得以恢复,祀四季神。

明清两朝有泰山行宫、三元宫建筑,分别供奉碧霞元君和天、地、水三神。华山的半山腰建有吕公祠,祭祀道教纯阳帝君吕洞宾。建筑旁边有清泉萦绕,水质甘美。整座庙宇,有殿有庑,有亭有台,脊连檐牟。

华山山势陡峭,景色蔚为壮观。北魏时期,郦道元的《水经注》中说:"单椒秀泽,不连丘陵以自高;虎牙桀立,孤峰特拔以刺天。青崖翠发,望同点黛。"唐代,山的四周一片汪洋,这片水域被称作"莲子湖"。浅水稻溪,沼泽芦荡,水村渔舍,胜似江南。

有关华山的名篇,当以唐代大诗人李白《古风五十首》第二十首最著名:"昔我游齐都,登华不注峰。兹山何峻拔,绿翠如芙蓉。"

华山

华山山体起伏较大，植物丰茂，且藤蔓植物较多，盘根错节。由鸟道而上，需要休息几次才能登上山顶。登顶之后方能体会到何为顶天立地——长风啸啸，紫烟缭绕，白云卷舒。远望周边，山势连绵，云气苍茫；黄河逶迤，大桥飞架；"齐烟九点"远近点缀。

每当秋日，天高云淡，大雁南飞，层林尽染，景色更加奇绝。

莲台二绝都有什么

莲台山位于济南市长清区的张夏镇境内，可谓一块风水宝地。南与四大名刹之首——灵岩寺相邻，西与道教圣地——五峰山相望，北距济南25公里。莲台山环抱如城，就像是一座莲台，因而得名。根据当地传说，汉代将军娄敬曾在山中隐居，所以又有娄敬洞山的称呼。

莲台山有两处奥妙。

首先是洞穴奇特，位于绝壁，在苍松翠柏掩映之中，洞穴幽绝深邃，神奇奥秘。山洞密集，有娄敬洞、青龙洞、王母洞、三清洞等72处之多。洞穴有的深不可测，有的洞连着洞，洞洞有景，洞洞有仙。其中最大的洞即娄敬洞，贯穿大山，东西相通，深约里许，宽近二丈，高十余丈。洞内曲折迂回，借助灯光可看清洞壁上斑斓的花纹。经过洞内一段探险穿行，出得洞来，顿觉豁然开朗。从此处向南望去，泰山高耸入云，雄伟壮丽，与脚下莲台山蜿蜒相接，宛如莲花供灯。

其次则是山林秀丽。莲台山山势蔚然灵秀，丹崖翠嶂，四周环抱如城郭。山前河水潺潺，景色如画。植物众多，有"江北第一天然植物园"之称。

莲台山

李开真的在胡山创作了《宝剑记》吗

　　胡山位于济南章丘，百脉泉正南八公里处，层峦叠嶂、崖青壁绿，是章丘十二景观之一。这里是山东第三个宗教圣地，从唐代开始，山顶就有庙宇。让人惋惜的是，后来这些庙宇都毁于战火，不复留存了。

　　关于胡山，有一位非常著名的人物——李开。提起李开，可能很多人都不知此人来历，但是提到《宝剑记》这一有名的戏曲名段想必大家都记忆犹新。没错，李开便是这部剧的作者。根据当地传说，嘉靖年间，李开因"太庙失火案"被罢官归乡，隐居胡山中麓。他以林冲夜奔的故事创作了《宝剑记》，那句"丈夫有泪不轻弹，只因未到伤心处"即其中一句唱词。后来他重修了胡山顶峰道观，并作《胡山记》镌碑立文，立于道观入口台阶旁。

胡山

济南的胜水

藏龙涧真的和大禹治水有关吗

藏龙涧位于济南历下，此地峭壁悬崖，流泉飞瀑，景色奇绝，是一山体的断裂带。

关于藏龙涧，有一个关于治水的传说：大禹治水时与恶龙相斗，恶龙被追至此，穿山而出形成一洞，后人名之龙洞。山因此而得名龙洞山，又名禹登山。

藏龙涧东西狭长，两侧危峰壁立，陡峭如削，似神工鬼斧。崖壁间林木茂密，涧底流水不断，因光照不足，山涧内阴暗潮湿，清新凉爽。藏龙涧一年四季风光无限，每个季节各有不同的景致：春天有春天的灿烂，崖壁上盛开的连翘花，满山、满涧一片金黄；夏天有夏天的浪漫，满涧葱茏，翠峰、清泉、溪流、潭水，让人赏心悦目；秋天有秋天的斑斓，满山、满涧的黄栌、枫树红叶似火；冬天有冬天的风韵，涧底可滑冰，也可欣赏到晶莹剔透的冰挂、雾凇，乃形胜之地。

藏龙涧

鲍山与鲍墓你知道多少

鲍山的海拔不高，仅有 117 米，相传此山的取名是因为鲍叔牙。

古代的鲍山就以风景奇绝著称。史料记载，昔日鲍山山清水秀，万木参天，浮岚滴翠，山花烂漫，果树满坡。山南为莲花峪，石岩苔碧，涧幽水清，日夜潺流。鲍山的风景绝美，无数文人在此留下诗篇。如北宋曾巩《登华不注望鲍山》诗云："云中一点鲍山青，东望能令两眼

鲍山

明。若道人心似矛戟，山中哪得叔牙城？"明代著名文学家李攀龙于嘉靖三十五年（1556 年）辞官归里，在山前村中建"白雪楼"。楼隐于万木之中，其景幽深佳丽，时称"鲍山白雪"，为历下十六景之一。

相信管鲍之交的故事大家都很熟悉，没错，鲍叔牙就葬在这里。

据《济南府志》载："《齐乘》夏禹之裔有鲍叔仕齐，食用采于鲍……鲍城见《三齐记》，山因城名。"

《中国古今地名大辞典》中记载"（鲍山）在山东历城县东三十里，下有鲍城，为齐叔牙食采处。上有叔牙墓……"鲍墓和鲍山就在济南钢厂附近，一东一西，离得很近。

鲍叔牙的墓坐南朝北，上下两层。第一层台阶东侧立一石碑，上书"鲍叔牙墓"。第二层台阶中间，刻有双龙戏珠石雕。台阶上面用一青砖垒砌成的平台，平台正中草木葱茏的大土丘，高约 5 米，直径约 6 米，周围用半米高的青砖砌墙。

墓前石碑上刻"齐大夫鲍叔牙墓"，碑前有一石案，一对瑞兽麒麟分置左右。

古来圣贤皆寂寞，鲍叔牙能识管仲于微末之时，如此知人之明千古以来真没有几个。交友能如鲍叔牙，真是三生有幸！

你知道青铜山有多少处泉水吗

青铜山位于历城县十六里河镇与锦绣川乡交界处，海拔754米，历史悠久，现在还留有唐朝时期的宗教建筑，包括摩崖造像。青铜山还孕育了济南七十二泉中的不少泉池，根据权威统计，共有19处泉水。

名气最大的当数南甘露泉，位于青铜山大佛造像东南山阴崖壁间，因水质甜美所以有甘露的美誉。在历史典籍中，关于甘露泉水的记载很多，明晏璧《七十二泉诗》的诗句在清道光《济南府志》中有载："东西两股清流，如漱珠矶，哗哗有声，蓄水成池。四周高峰峭立，翠柏郁森，中央为沃土，山坡果树溢香，畦中菜蔬肥壮，皆由此泉水浇灌。"

百花泉位于青铜山的南部，因为泉水集群涌出，仿佛浪花翻腾，所以有百花的美誉。《济南府志》关于此泉的著述可谓独到：泉自崖下洞穴中涌出，汇入三面石砌的长方形水池，幽深莫测。池岸，杨柳依依。泉水四季长流，水温恒定。冬季水雾蒸腾，景色奇妙。

灰泉位于青铜山南部，为一眼小泉。泉水发源于岩壁之上，由半方小池聚集，缓缓流向小溪，现在可为农田灌水。

老泉发源于东崖村的半山腰处，泉水常年自崖缝中涌出，清冽甘美。现在经铺设的输水管，流入东崖村，为全村五六百人提供饮用水。

道士泉位于大佛寺遗址东面的山坡下，收录于明朝晏璧编著的《七十二泉诗》。因为方位的原因，道士泉被当地的村民称为"南泉"。南泉从大山的崖隙中涌出，流入河中，终年不干涸，水质甜美且没有渣滓。根据当地村民描述，喝道士泉的水，对消化很有帮助。

清泉位于道士泉的北面一点，是一方由石头拦成的塘湾，由山崖涌出的泉水和

青铜山

百花泉的水汇成，塘水清透，同道士泉交汇，流入锦绣川内。

老庄泉位于青铜山南麓的老庄村，名字也来源于此。老庄泉分为两个部分，东西二池全部用石头砌成，池水从暗渠流入蓄水池，供村民饮用。泉水甘甜清冽。西部的泉池为长方形，清澈见底；东面泉池为井字形，水池幽暗深邃，仿佛大地的眼睛。

杨家泉位于青铜山的东部，因为发源于一杨姓人家的田地旁边而得名。原本杨家泉池为自然水池，后来被填埋，水自地下水道向西伏流，汇入村内蓄水池。泉水澄澈，清冽甘美，用于村民饮用水。丰水期沿山峪蜿蜒南流 5000 余米，入锦绣川水库。

白花泉处于青铜山的顶部，在白花泉村东南的石崖下涌出，像白花浮于水上，被收录于明《七十二泉诗》中。《济南府志》云："飞泻漫流，曲尽幽姿，流经孤山入锦绣川。"

斗母泉也叫窦姑泉，发源于十六里河镇斗母泉村北崖下，因为靠近斗母庙得名。此泉的水流量越来越大，有"大泉"的外号。在明清的《历城县志》和《济南府志》中，此泉均有记载，称"在大佛寺北顶"。清代文人郝植恭称此泉为窦姑泉，列入《七十二泉诗》中。泉水自岩壁圆洞流出，汇于 1991 年建的蓄水池内，常年不竭，为村民提供饮用水。池旁有连根同生的车梁木和刺楸古树，为济南地区同类树种中的第一大树。

南圈泉处于青铜山北坡十六里河镇南圈村西，也是因为村子得名。为用水泥板棚盖的石砌长方池，水自南壁岩缝流出，清澈洁净，为村民饮用水。

边庄三泉位于青铜山西北十六里河镇边庄村街旁岩下。按照方位分别取名"北泉""南泉""西泉"。泉池皆为长 7 米，宽 3 米，深 2.5 米左右的石砌方池，以水泥板棚盖，上留便于取水的方孔。三泉水量均衡，常年不干，现在依然为村民提供饮用水。

西坡双泉位于青铜山西侧十六里河镇的西坡村。村南、村北各有一泉，按方位分别称"南泉""北泉"。池皆以石砌，南泉池顶用料石券为拱形，水自岩缝流落至池内；北泉池为敞开式，水自地堰石缝流出，汇入池内。

南岭泉位于青铜山北十六里河镇碉堡峪村南，因源于南岭山顶而得名。为水泥板棚盖的石砌长方池。水自岩缝涌出，流落池内，哗哗作响，长流不息。

寄宝泉位于碉堡峪村街旁崖下，因为传说曾有僧人在泉旁石缝藏宝而得名。水自岩缝涌出，汇积于井形池内。水盛时，经临近的蓄水池沿峪漫流。

小泉位于青铜山北十六里河镇小泉村内。因泉水小于斗母泉而得名，现在依然为村民提供饮用水。

英雄山真的是一座"城中山"吗

英雄山紧邻马鞍山，山上遍植松柏，登山而望，景色秀美。现在，还留有徐北文教授写的对联——"赤霞灿烂瑶圃桃花映日千年祝曼寿，青鸟殷勤玉函锦字凌云万里报平安"，令人神往。

英雄山这个名字是毛泽东主席来济南的时候改的，这里葬有济南战役中牺牲的1600多名将士。此山还有两个名字：一为四里山；二为赤霞山。前者源于同老城区的距离，到南门仅需四里地，所以被称作"城中山"。后者因为山上种满了黄栌树，每到秋季，满山的黄栌树红似火焰，

英雄山

好不壮观。英雄山上有赤霞广场，在济南十分有名。广场上种满了银杏、雪松等美丽苗木，是济南市民休闲的好去处。

英雄山上有一座烈士陵园，同时也是济南战役纪念馆的所在地，是爱国主义教育基地。因为处在省会城市的中心，英雄山的地理位置十分优越。每到节假日，便可见到很多市民来此瞻仰革命先烈，学习老一辈的革命精神。

珍珠泉真的是娥皇女英的泪水化成的吗

济南作为泉城，可真是泉眼遍地，犹以旧城为甚。在旧城的中心，有一处泉水名叫珍珠泉，是一处闻名天下的独特景观，当初这一珍珠泉的匾额还是乾隆皇帝亲手写的。其实，珍珠泉是一个泉群，在它周围有许多小泉，如楚泉、溪亭泉、舜泉、玉环泉、太乙泉等，在济南非常有名。

关于珍珠泉，有个非常美丽的传说，这个传说同舜帝有关，与"湘妃竹"的故事有异曲同工之妙——珍珠泉的串串"珍珠"是当年舜的两个妃子——娥皇和女英的眼泪所化。

上古时期，在山东历山，也就是济南的千佛山，一位叫舜的年轻人在部族中逐渐崭露头角。在他三十多岁的时候，以其贤良的品质和超乎常人的毅力被人推举为部落的头领。尧听说了之后，非常赏识他，把国

珍珠泉

君之位禅让给他，并且把两个女儿也嫁给了他。舜帝在即位之后，昼耕夜读，勤于国事，丝毫不敢松懈，同时也经常去四方巡视，了解民间疾苦。有一年，南方遭受大旱，民不聊生，于是他动身去云梦之地体察民情、安抚民心。在舜帝南行之后，山东地区也遭受了非常严重的旱情。在舜帝不在的日子里，娥皇与女英便用纤细的肩膀挑起国之重担。二女带着遭受灾害的民众向上天下跪求雨，可是，姐妹二人膝盖跪出了血，天公依然吝啬，没有一滴雨水。

见求天无用，娥皇与女英姐妹二人开始带领大家与龙王要水。两姐妹坚持不懈，大家的双手磨出了血泡，终于挖出一口深井。在大家都松了一口气的时候，突然传来舜帝巡游苍梧病倒的噩耗。娥皇女英还没有缓过神来，便要即刻启程南下。看着挥泪话别的人们，她们禁不住一串串泪珠洒落大地。突然，"哗啦"一声，泪珠滴处，冒出一股股清泉。泉水如同一串串珍珠汩汩涌出，这就是今天的珍珠泉。

为了纪念她们，后人有诗曰："娥皇女英离别泪，化作珍珠清泉水。"

济南的"龙洞山"真的有龙吗

在济南的郊区，有一小镇名叫姚家镇，姚家镇有一龙洞村，我们此章所说的龙洞山就坐落在此。看过许多山的人会发现，与别地不同，齐鲁大地的山往往呈刀劈斧砍之势，悬崖峭壁中隐隐约约能看出雷霆万钧之态，仿佛盘古大帝用斧头劈砍过一般。龙洞山的姿态便是如此。此山峰峦叠嶂，山势峻拔。若起得早，还能在薄雾蒙蒙的山谷中看到闲云出岫。龙洞山之所以以"龙洞"二字为名，乃因山中有"龙洞"。

这座山山势奇绝，北有老君崖、凤凰台环拱如门，南有独秀峰、三秀峰突兀环

龙洞山

列，形成峭壁围绕的山峪，名"龙洞峪"。峪口两侧为老君崖，崖下有老君井。传说太上老君曾在此炼丹，这个神话传说我们暂且不表。与老君崖相对，东侧为凤凰台，相传昔日为凤凰栖息之地，与上文说的舜帝的"凤凰身"不谋而合。

我们要说的，便是龙洞山的传说。相信都听过大禹治水的故事，在那个时候，济南脚下的历山已经是汪洋一片，大禹来到此地便听说水底下有恶龙作怪。为了降服这条恶龙，大禹将济、泺二水水道疏通，洪水全部排光，这下子这条恶龙没有地方躲，便一发力，跃身向东窜去。大禹紧追不舍，恶龙钻进城东山上的石洞，禹上前擒捉，那龙长啸一声，破山而出。大禹只好紧追，一人一龙跑到山洞（即今日回龙洞，在浆水泉风景区），在这里大禹终于制伏孽龙。那龙穿越时出现的洞，后人便称为龙洞。那座山也因此得名龙洞山，又叫禹登山。山下那条幽深的洞沟，被称为"藏龙涧"。

现在，我们穿越重山，上到最高，依然可以看到大禹制伏恶龙的遗迹。

你知道千佛山上"锁"的故事吗

千佛山古称历山，在远古时期，部族文化炽盛，大舜还没有成为领袖之时，便躬耕历山脚下，所以历山还有舜山和舜耕山的称呼。济南的千佛山沿袭至今已有上千年的历史，追溯到隋唐时期，那时候佛教盛行，统治者希望国民能够休养生息、安居乐业，于是便倡导仁政，佛法大兴。山东地方有虔诚的佛教徒，希望佛陀能够给世人领路，于是便集资出力，依山沿壁镌刻了较多的石佛，

千佛山

因而得名千佛山。

千佛山还是济南的"小泰山"！因为从千佛山脚下沿盘道西路登山，途中有一唐槐亭，亭旁有古槐一株，相传唐朝名将秦琼曾拴马于此。半山腰有一彩绘牌坊，即"齐烟九点"坊。登上一览亭，凭栏北望，近处大明湖如镜，远处黄河如带，泉城景色一览无遗。颇有杜甫登泰山"会当凌绝顶，一览众山小"的气势。

但是现在，千佛山闻名的不止有佛像，还有沿山而上那一连串的"同心锁"。在很久以前，千佛山上有把古铁锁，粗如人臂，绕其峰两周。为什么会这样呢？原来历山本是一座海上仙山，在山上居住的仙人生性好动，总是带着这山东游西逛，惹得海神大为不悦，暗用铁锁将山锁住。谁料一日铁锁被挣断，那座山便飞落此处，但一把断锁却依然系于峰上。据说，在唐朝时千佛山顶上还有铁链存留。年年岁岁花相似，岁岁年年人不同，经历了沧海桑田，当初锁链的意义已经发生了截然不同的改变，所以"锁"，便从最早的"锁山"变成了"锁芯"，足可见时代的变迁与青年男女的美好祈愿。

你知道平陵"半夜鸡叫"的故事吗

只要提到"闻鸡起舞"这个词，人们总能够想到背后的一个故事：西晋时的祖逖，从小勤练武术，钻研兵法，立志要做一番大事业。

刘琨也是个有抱负的午轻人，两人很快便成为好朋友。这天晚上，半夜过后，祖逖忽然被一阵鸡鸣声吵醒，他连忙唤醒刘琨说："这鸡鸣声把人吵醒，虽然很讨厌，但我们可以趁此机会早些起床练习武艺。"

"好啊！"刘琨欣然同意。于是两人来到院子里，专心地练起刀剑来。

从此，两人每到夜半，一听到鸡鸣，便起床练剑。

当时，祖逖看到国家被匈奴军队攻陷了很多城池，非常着急，立刻上书皇帝，请求率兵北伐，收复失地。皇帝很高兴，封祖逖为"奋威将军"，带领军队北上。由于祖逖和刘琨作战英勇，不久便收复了很多北方的城池，闻鸡起舞也成了从古至今许多有志之士的座右铭。

在济南平陵，也发生过"半夜鸡叫"的故事，但是同"闻鸡起舞"的含义却截然相反。

这个故事是早期流行于济南的一个传说：在济南东郊，有一处平陵遗址，断垣残壁，颓立于平畴原野上。相传当年建城时，一个会妖术的头领，驱赶济南的老百姓日夜筑城。人们苦不堪言，但他仍嫌进度太慢，便施展法术，让石头人夜里帮忙干活，民工们也就不敢停下来，至鸡鸣时则止。

干活的头领有一女儿，与民工中一青年男子相爱。她很厌恶父亲的做法，就命人半夜时模仿鸡叫，引得群鸡共鸣，石头人无法干活，筑城只好半途而废，留下如今的残墙断垣。

元好问访趵突泉真的是因为吕洞宾吗

若论情，金人元好问之"问世间！情为何物，直教生死相许。"这句诗写得最为通透。

冯梦龙先生在《警世通言》中说道："不会风流莫妄谈，单单情字费人参。若将情字能参透，唤作风流也不惭。"然而元好问这位应许风流却不风流的文人在济南往事中也留下了动人的记忆，这是为何？

我们且看他生平：元好问，字裕之，号遗山，世称遗山先生。太原秀容（今山西忻州）人，金末元初著名文学家、历史学家。元好问自幼聪慧，有"神童"之誉，仕金官至知制诰。金亡后被囚数年，晚年重回故乡，隐居不仕，于家中潜心著述。1257年，元好问逝世，年六十八。

元好问本是山西太原人，风流人物与风流人物之间总有着不可说破的缘分，有一日，他在太原街头闲逛，遇到了一位美髯道人，二人一见如故，把盏邀星，言谈甚欢，好不自在。言语间，道人对元好问称他家住在人杰地灵的泉城，并邀好问先生赴济游玩，当时先生应而未答，一笑作罢。

然而，过了几年，元好问途经济南，泛舟大明湖、登历山、访舜迹，却忘了当年与道人的前约。一日，他来到趵突泉泺源堂小憩，睡梦中忽见太原所见道人前来:"这不是遗山吗?到济南为何不来看我?"元好问惊醒,抬头一看,正堂中吕洞宾塑像和他所见道人竟一模一样。恍然间发现,那道人就是吕祖洞宾。

旧雨前来,回忆相识的倾盖如故,一时间恍如昨日。经此事后,元好问出资重修吕祖庙,并为大济南留下了"羡煞济南山水好""有心常做济南人"等脍炙人口的诗篇。

这些诗寄托了诗人求而不得的过往,好问先生以"遗"字入号,相信是个念旧的人,我们在遗山先生诗句的作陪下游玩山水秀丽的济南,殊不知在济南的时间乃是诗人一甲子多的生命中为数不多的自由时光。

朗公山的石头真的有"慧根"吗

魏晋时期,人杰地灵的济南有过一则令人惊奇的故事:

济南长清区境内有座朗公山,山上有块状似人形作揖念经的郎公石。传说,郎公是东晋时著名得道高僧,他经常和好友长清人张忠(字臣和)一起探讨佛学。一次,张忠邀郎公来家乡讲经,数千人聚集起来听讲解。郎公出神入化、耐人寻味的讲演使听者都入了迷,不一会儿,连山上的

朗公石

山石也听得津津有味，不由得频频点头。郎公淡淡地说："这是山石显灵，被我解化了。"

后来，郎公讲学的地方就被称作灵岩。灵岩西南一座不太高的山，人们称为郎公山，山中那块双手合十的和尚形象的石块，人们称为郎公石。

山明水秀的济南为什么有两座"药山"

药山，北依滔滔黄河，南与北马鞍山相对，东连城区，西为平畴沃野，为辉长岩。药山，山势险峻，怪石森耸，九峰并列，在黄河南岸眺望药山，其大小九座山峰，如同形态各异的莲花，故名"九顶莲花山"，是济南"齐烟九点"之一。

每年农历的三月初三，山上都举行大型的山会（庙会），形成了盛大的"药山文化节"。远至河南、安徽，近到潍坊、临沂等地的百姓都来赶会，药山三月三庙会与千佛山九月九庙会，同为济南市两大山会，是济南人登高踏青的常去之处。

药山

之所以能够吸引如此多的游客前来，与药山的传说不无关系。

原先，济南北郊那是一马平川，一片平原。话说二郎神追赶太阳的时候，挑着两座山，就在这里休息。但是，他没有预料到，这两座山竟然在这里生了根，再也挑不起来。就连他从鞋里倒出来的两堆土也成了山，传说济南的粟山和马鞍山就是这样来的。不仅如此，这几座山还在不断生长。这事甚至惊动了太上老君，老君怕山会把济南压了，就在山上撒了圈丹药，山从此就不再长了。

琵琶泉晚上真的能听到琵琶声吗

作为济南赫赫有名的七十二泉之一，琵琶泉与黑虎泉为邻居，居西侧，坐落于济南环城公园东南隅。琵琶泉的水声非常好听，懂音律的人

琵琶泉

还会认为此为琵琶扬韵，所以得名琵琶泉。最早的时候，琵琶泉的池子很不规整，经过修缮才以现在的长条形呈现。琵琶泉的池子要比护城河高出 1 米，泉水不断地涌出池子，两层石阶转韵，跌宕四泻，叮咚作响，仿佛弹奏琵琶声。其实这并非琵琶泉真正奇妙所在。

令人啧啧称奇的是，在盛水期，琵琶泉地下也会发出动听的琵琶声。

传说在琵琶泉还没有出现的时候，离济南黑虎泉不远的地方，开了一家馍馍铺，店铺的掌柜名字叫作王忠，与女儿荷花相依为命。二人为人厚道，生意做得顺风顺水。有一年的大年三十，父女二人帮助东海龙王父子解决了一桩麻烦事。东海龙王知恩图报，送给王忠玛瑙宝珠一枚；龙子赠给荷花龙吟琵琶并教她弹奏仙曲《龙吟三弄》。这件事不知怎的，被当地知府知道了，于是贪心地过来争夺。推搡中玛瑙宝珠落地，化为玛瑙泉，将知府的宅邸冲得一干二净。宁为玉碎是许多文人的气节，谁想到这荷花姑娘也是宁折不弯，为不受知府儿子的调戏凌辱，怀抱琵琶跳入泉水。

此后，每逢夜晚，泉中便传来叮咚悦耳的琵琶声，人称此泉为"琵琶泉"，人们便跟着水声摇头晃脑，仿佛听闻琵琶姑娘在悠悠地演奏仙乐一般。

汉武帝登玉函山时真的见到青鸟了吗

在济南十六里河镇有一分水岭村,这村子里有一座玉函山,相传汉武帝登泰山封禅的时候,就路过这座山,而且在山上偶然得到了西王母留下的"玉函",玉函中盛放的乃是长生不老的神药。

年轻的帝王如获至宝,但是在下山的时候,玉函不知怎

玉函山

的化作一只青鸟飞去,盛放灵药的玉函最终被汉武帝留在了玉函山,而无福消受长生不老药的汉武帝最终抱恨而终,玉函山由此得名。

五龙潭是因为秦琼府邸的下陷才形成的吗

五龙潭位于济南旧城西门外,泺源桥北,南临趵突泉,北接大明湖。关于五龙潭的历史由来已久,可以追溯到郦道元编著的《水经注》。其实,五龙潭还有另外一个名字,叫作乌龙潭,是五龙潭泉群的主要泉眼之一,同时也是济南七十二泉中最深的一眼泉水,潭水碧绿,深不见底却能够终年涌出,令人啧啧称奇。《水经注》关于这五龙潭的记载大意是这样:"北魏以前就有这片水,称净池,是大明湖的一个边边角角。"

相传唐朝开国元勋济南人秦琼,于济南建造府第,称"国公府"。一日晚上,雷

五龙潭

电交加，风雨大作，轰然一声巨响，秦府下陷，此地变成一片深不可测的潭水。后有人潜入潭中，见水底有一处豪华府第，一条巨龙盘踞殿内，吓得他连忙退出。据说那府第便是下陷的秦琼府，那潭便是今日的五龙潭。

关于乌龙潭的传说真是环环相扣，扑朔迷离，而乌龙潭改名五龙潭还另有一段故事。

在五龙潭还叫作乌龙潭的时候，因为潭深莫测，所以每次济南遇到严重的旱情，便会有农民在此求雨，且每求必灵。所以，元代有好事者在潭边建庙，内塑五方龙神，自此乌龙潭便改称五龙潭。现在，五龙潭公园内，散布着形态各异的 26 处古名泉，构成济南四大泉群的五龙潭泉群，形成了庞大的五龙潭泉系并成为济南四大著名泉群中水质最好的泉群。

为什么大明湖至今都听不到蛙鸣

关于大明湖，想必大家想到的就是"爱新觉罗·牛皮癣"和大明湖畔夏雨荷那段亦真亦假的爱情故事，但不可否认的是这段故事，真的让大明湖扬名。其实，在新中国没有成立的时候，有位军阀为了让大明湖出名，也是掏心掏肺，不遗余力。

此军阀名为张宗昌，人称"三不知"将军，即兵不知有多少，钱不知有多少，姨太太不知有多少。当时此军阀驻守山东，觉得自己既然身为孔圣人家乡的父母官，不带点斯文，枉来山东一趟。但军阀就是军阀，肚子里没有墨水还敢往圣人门口扎堆，这不是关公门前耍大刀吗？然此人脸皮厚也是一绝，不久便出版一本诗集，分送诸友。

张宗昌还专门跑到大明湖吟诗一首：

　　大明湖，明湖大。

　　大明湖上有蛤蟆，一戳一蹦跶。

这首《大明湖》吟咏起来虽说赶不上"爱新觉罗·牛皮癣"当年的

风采，但是不知道使得多少尊口难开的文人笑口常开。

大明湖

聪明的人能够隐约地从这首《大明湖》中扒拉出一个问题，那就是大明湖为什么没有蛤蟆？

历史上这里有一座大明国寺，寺内殿宇飞阁，雄峙亭立；经声佛号，暮鼓晨钟。然而寺内和尚却不守教规，经常奸淫良家女子。传说有一姑娘，很有孝心，她母亲有病，她便天天向大明国寺方向烧香祈祷。一月之后，母亲病愈，姑娘便去大明国寺还愿。寺内和尚见她姿色甚美，便于夜晚把她抢入寺内。姑娘的哥哥闻知跃马挺刀，追踪而去，突然，一声炸雷，天塌地陷，大明国寺沉入地下，此处成了湖泊，就是现在的大明湖。哥哥救出妹妹，在湖边种藕捕鱼，侍养老母。而那些和尚便成了湖里的蛤蟆，只会鼓肚皮，却永远叫不出声来……

金牛山的金牛洞曾经住过金牛吗

金牛山是有名的"齐烟九点"之一，位于今天济南北郊济泺路的西面，而北太平河在金牛山背面环绕而过，小清河由这座山的西南方向东北流去，东面有工商河和小清河水相接，形成山环水绕之势。每到春季，在金牛山上往下看，便能看到一片柳浪闻莺，好一派秀丽的北国风光。

金牛公园铜像

金牛山上，还有一金牛洞，据老济南的传说记载，金牛洞还曾经住过一头"金牛"。古时候，济南华山脚下有个给财主放牛的苦孩子，财主心黑，每天只给孩子带一个饼子去放牛。这天，苦孩子正想吃饭，一个衣衫褴褛的老者向他要饼子吃。孩子见老人可怜，就把饼子全给了老人，自己却忍饥挨饿。老人要报答小孩，便把他领进一座山洞中，只见一头金牛拉着金磨在轧金豆子，老人捧了一把金豆子给孩子。这事被财主知道后，便拿着袋子去山洞装金豆，还想把金牛和金磨弄回家。不料，金牛怒吼一声跑出山洞，洞口坍塌，财主葬身洞中。那牛跑至泺水边饮水，鸡叫了，金牛化成山，人称金牛山。

你知道孝堂山埋儿孝母的故事吗

二十四孝的故事在我国由来已久，孝堂山的出现，就见证了二十四孝中埋儿孝母的故事。

郭巨，东汉时期人，原本家道殷实。父亲死后，他把家产分作两份，给了两个弟弟，自己独取母亲供养，极其孝顺。后家境逐渐贫困，妻子生一男孩，郭巨担心养这个孩子，必然影响供养母亲，于是在和妻子商量之后，便决定把自己的儿子埋起来，以省出粮食供养母亲。在挖坑的时候，地下突然出现一坛黄金，上面还写着"天赐郭巨，官不得取，民不得夺"几个大字。

郭巨夫妻知道是天神显灵，于是便带着孩子与黄金回到自己的家中孝敬母亲。

你知道趵突泉是怎么出现的吗

趵突泉位于济南市历下区，南靠千佛山，东临泉城广场，北望大明湖，五龙潭。面积 158 亩，是以泉为主的国家 5A 级旅游景区特色园林，国家首批重点公园。该泉位居济南七十二名泉之首，被誉为"天下第一泉"，也是最早见于古代文献的济南名泉。趵突泉是泉城济南的象征与标志，与济南千佛山、大明湖并称为济南三大名胜。

人人都知这天下第一泉，却不知这天下第一泉的由来，传说济南城中生活着一位叫作鲍全的年轻人，他以砍柴为生，天天斧不离手，辛勤过活。但是即使这样，依然养活不了年迈的父母。因为双亲都得了非常严重的疾病，鲍全只能眼睁睁地看着父母离开人世。从此，他立志学医，拜一位精通药理的和尚为师，一双妙手救治了许多老百姓。那时候济南还没有泉水，一出现旱灾，人们连煎药的水都没有，于是鲍全每天起来为灾民担水煎药。

一天，鲍全在担水的路上救了一位老者，并认这位长者为干爹。干爹看鲍全一天到晚为穷人治病，忙得连饭也没空吃，就说："泰山上有个黑龙潭，潭里的水专治瘟疫，你要能挑一担潭水回来，只要滴到每个病人鼻子里一滴，就能消除百病。"鲍全拿着干爹给的拐杖，历尽艰辛，来到泰山黑龙潭，却发现这里原来是龙宫，干爹是龙王的哥哥。

为了感谢鲍全，龙王送给他很多奇珍异宝，但是他没有收，只挑了一只白玉壶带走，因为白玉壶中的水永远也喝不完。

鲍全回到泉城后，因为有了白玉壶而为很多病人治好了病，州官听说后派人来抢夺，鲍全把白玉壶埋在了院子里。公差在院中挖到了白玉壶，却怎么也搬不动，他们一起用力，只听"咕咚"一声，突然从平地下"呼"地蹿出一股大水，溅起的水花洒满全城，水珠落在哪里，哪里便出现一眼泉水，从此济南变成了有名的泉城。

人们为了纪念鲍全，把这泉叫宝泉，年深日久，人们根据泉水咕嘟咕嘟向外冒的样子，又把它叫成了"趵突泉"。

趵突泉是泉城之始，有趵突泉才有天下泉。所以，著名文学家蒲松龄认为趵突泉是"海内之名泉第一，齐门之胜地无双"也不为过。

济南的历史建筑

　　济南的庙宇、道观年代久远，散落在济南各个街区，以各自的方式存在着，为游客展示着它们历经的时代与故事。

　　但关于这些庙宇、道观你到底了解多少呢？灵岩寺的众多传说你知道吗？灵鹫寺的修建和哪些帝王有关？这些都等你来发现其中的精彩。

蓬莱院是哪个道士修建的

蓬莱院位于济南市区霞侣市街2号。这座坐北朝南，大门朝西的道院是济南市近代道教全真龙门派的主要活动场所之一。蓬莱院给人的第一感觉是恢宏大气，古朴端庄，整体建筑为砖木结构。

如今的蓬莱院，门殿左右墙上分别绘着"赵公明元帅"和"温琼元帅"的壁画。穿过门殿，便进入了一个院子，分为南院和北院两个院

蓬莱院

落。南院北面是有三间大殿的吕祖殿，大殿内供奉着吕洞宾和他的两个侍童塑像，东、西台座上分别供有吕洞宾的四位弟子。北院北面的大殿为三层楼阁式建筑，第一层是地下室，平时住人或放些杂物。第二层为有五间大殿的王母殿，殿内供奉着西王母、碧霞元君、观音菩萨。第三层为三清殿，共三间，殿内供奉着元始天尊、灵宝天尊和道德天尊。那么，蓬莱院自从建成就是我们看到的这样吗？又是哪位道士修建了这座道院？

据记载，民国元年（1912年），全真龙门派第十七代弟子张教元从陕西华山一路云游，路过济南。当时张教元随身只背着一个小包袱，每天

也没有明确的去处，一路走一路随时化缘度日。当他来到济南后，在城外发现了一处关帝庙就落脚休息。这座关帝庙就坐落在一条街的街口上，这条街当时被叫作下驴市街（即霞侣市街）。关帝庙因年久失修，早已破败不堪，仅剩两间殿堂可以让张教元遮风避雨。庙里既没有道士修道，周围也没有香客前来，十分凄凉。张教元在关帝庙住下后，白天外出化缘，晚上便找来三块砖支一个小砂锅做饭吃，生活异常艰难。

随着张教元住在关帝庙的时间越来越久，当地周围的居民都知道关帝庙里有个道士，逐渐就有香客前来，张教元的名声也慢慢变大。后来，张教元的师父也来到济南，和他一起在关帝庙修道。1918年，师徒俩倾其所有，再加上周围一些善人的捐助，他们在关帝庙附近买了三亩多地，并在原来关帝庙的基础上历时6年建起了一座道观，就是如今的蓬莱院。

当时蓬莱院的建筑格局和如今的差不多，也是南、北两个院落。院内殿宇气宇轩昂，与之前破败的关帝庙截然相反。蓬莱院在观外东侧还有一块菜地供道士们种菜，西面也有一小亩林地供道士和香客们散步。蓬莱院建成后，张教元门下的道士和香客都越来越多，在济南也是有名的道观之一。

升阳观与吕洞宾有什么关系

升阳观位于济南老城区寿康楼街路南，其建筑群占地面积3750平方米，至今已有800多年历史。但是升阳观作为吕祖庙的衍生物又是为谁而建呢？

据说，吕祖庙是为供奉神话人物八仙之一的吕洞宾而建的庙宇。吕洞宾，名岩，字洞宾，号纯阳，京兆（今西安市）人，唐贞元十四年（798年）生。吕洞宾眉目清秀，仪表堂堂，生性聪敏，

升阳观

擅长诗文，常常出口成章。

可遗憾的是，他屡试都不中第。后来，他感悟自己也许与功名无缘，于是前往终南山鹤岭仙人洞修道，遇见汉钟离并教授他龙虎金丹秘法。学成后的吕洞宾告别汉钟离云游庐山。在庐山，吕洞宾遇到火龙真人，火龙真人擅长剑术并把天循剑法相传于他。学成两派真传的吕洞宾自称"吕道人"，自此背剑浪游江湖。

吕洞宾作为全真道创始人王重阳之师父，在江淮、湘潭、岳阳等地留下"双剑斩黄龙""三醉岳阳楼""三戏白牡丹"等神话故事。最为民众所熟知的就是他与升阳观的故事。

清康熙十八年（1679年），吕祖庙西院又修建了一座大殿，名为升阳观。此后，吕祖庙渐渐被人们称为升阳观。清嘉庆八年（1803年），升阳观的东面又修建了题壁堂。说起题壁堂，附近百姓都知道一个关于它的神奇传说。相传，题壁堂建成后，住持道士刘道让明明看见一道人进入庙内，但遍寻无踪，却在正殿左墙壁上发现了新题写的一首诗："曾否当年旧酒楼，松亭水色静悠悠；熏风日跻蓬莱岛，筇杖常经此地游。世法须从身上想，机关宜向个中求；离离青草会心处，何事浮生空白头。"诗末署名"木石道人"，信众认为是吕洞宾化身留书。自此，此庙取名为题壁堂。

当时的题壁堂可谓巍巍壮观、金碧辉煌。清光绪三十一年（1905年），当地名绅张景堂等人又捐资扩建题壁堂。自此，吕祖庙分成了升阳观和题壁堂两处建筑，它们也成为城区内一处集正堂、戏楼、大罩棚、道观及附属建筑为一体的道教建筑群，占地约三亩，这里一时也成了人来人往、热闹非凡的道教活动场地。

三皇庙的位置有什么争议

济南护城河的东南角一带，是清末民国时期最受摄影师青睐的地方。惯常的老照片中，一般以巍峨的东南角楼（魁星楼）为焦点，捎带俯拍上护城河中的小金山寺和河东岸上的三皇庙。今天，这里仅存"金山寺遗址"碑刻，老照片中位于河崖东岸的三皇庙也杳无踪迹了。因此，三皇庙到底在什么地方？是否还有其他寺庙也叫三皇庙，经常引起人们的争论。

关于三皇庙位置的说法，当地流传最广的有两种。一种说法是，在民国时期，三皇庙位于济南城东南护城河内，原为祭祀伏羲、神农、黄帝之处，济南人又称子牙钓鱼处。始建年代不详，元代重修，并有大学士张养浩所题石碑为记。三皇庙最早距城较远，在明代修城时向外扩建，建筑遂陷于护城河中。昔日有石砌台基供香客行走。到了清代护城河淤塞，水面渐与台基平行，三皇庙慢慢塌陷水中，同时因为年久失修而几近倾颓，现在已经不复存在。

三皇庙

还有一种说法是，在东青龙街南段路西青年游泳池东墙外，原有占地1624平方米的寺庙就是三皇庙。据《济南府志》载："元朝至元年，有尝建三皇庙，聚历史医书于中，令邑人习之，以祛民病。"可见，700多年前的三皇庙是处学医治病的地方。

三皇庙名称的由来说法也不一。一种说法是，里面供奉的是伏羲、神农、黄帝，谓之三皇；还有一种说法是，里面供奉的是天地人三皇。据元人于钦《齐乘》记载，当年这里香火很盛，官员们每到初一、十五都来上香，三教九流的人聚集此地，形成了一个大庙市。当年三皇庙的神像非常高大，头上有角。

同样，在泰安市岱岳区也有一座始建于宋大中祥符五年（1012年）的三皇庙，距今有近千年的历史了。三皇庙依青龙山而建，庙南、北分别有蜿蜒曲折的山峪溪水由东向西，环绕庙院潺潺流过，至西门外相汇，两山峪形若游龙，故形成了有名的"双龙峪三皇"。青龙山三皇庙的庙会也是远近闻名，一般从清明节前后万亩古梨园梨花盛开时，持续10天左右。来往的游人既可以看到独具民间艺术韵味的大戏台，同时借着漫山遍野洁白的梨花，使人仿佛进入了世外桃源，心旷神怡。

"家住十王殿，揍势那筐炭"的由来是什么

十王殿

"家住十王殿，揍势那筐炭"，本义是装腔作势，拉大旗，作虎皮，包装自己，吓唬别人。但这两句话的由来，知道的人可真不多。

先说"家住十王殿"。十王殿在哪里？18世纪《历城县志·地狱考》中有"十王殿街"（今馆驿街西段）的记载。具体位置就在天桥南头，济南军区第四招待所德国洋楼北边，经一路纬一路交界处的花坛位置。原来这里有座阎王庙，里面塑着十尊阎王，所以取名十王殿。

1904年，直隶总督袁世凯会同山东巡抚周馥，奏请清政府开辟中国近代史上第一块自主开发的商埠——济南商埠，就是在这座庙前为起点定位的。奏折写道："拟就济南西关外胶济铁路迤南，东起十王殿，西至北大槐树村，南沿赴长清大道，四千余亩地界，作为华洋公共通商之埠。"1908年，德国人建设津浦铁路，在十王殿前面建起了一座德式三层洋楼，作为津浦铁路北段，总局驻济南办事机构所在地。后来，津浦铁路建成通车后，"指挥部"搬到老火车站，十王殿改为"津浦铁路宾馆"。

1937年，"七七事变"后日军占领济南，津浦铁路宾馆成为日本人的特务机关，日本人把它改名"樱花宾馆"。1945年，抗日战争胜利后，这里又成为国民党警备司令部所在地，该楼地下室布满各种电台通信设施。就在这段时间里，不知有多少抗日英雄、仁人志士、善良百姓惨遭杀害，十王殿（阎王殿）成了日本特务机关和国民党警备司令部的代名词。

再说"搂势那筐炭"。日伪时期和后来国民党统治时期，在津浦铁路宾馆周围盘踞着不少地痞流氓和汉奸二鬼子，这其中有许多是从徐州、枣庄、河南等地趴火车过来的偷盗之徒，多住在铁道沟街附近，他们有时帮日本人干点事，更主要是拿日本人当靠山，狼狈为奸。他们仗着日本人以及后来国民党宪兵队撑腰，到处胡作非为，欺行霸市，如果谁敢反抗，他们就吹胡子瞪眼，啐掉东门柳子烟，一歪大拇指，像饿狼一般，恶狠狠号一声："瞎眼啊，不知道十王殿吗？"

老百姓不知他们的底细，只能忍气吞声，被迫接受他们的欺凌，有人稍有反抗，便被他们打得鼻青脸肿，甚至还以"通共"为嫌疑被整个半死。中华人民共和国成立后，这些喝辣吃香的地痞流氓，逐步被人民政府管制、收监、镇压，再也不敢为非作歹，欺压剥削老百姓了。

千佛山"坐鳌巨佛"景观是如何形成的

千佛山历史悠久，与趵突泉、大明湖并称济南三大名胜。千佛山古称历山，因为古史称舜在历山耕田的缘故，又曾名舜山和舜耕山。隋开皇年间，因佛教盛行，随山势雕刻了数千佛像，故称千佛山。

东西横列的千佛山，蔚然深秀，从远处望去，犹如一架巨大锦屏。山北侧有登山盘道两条，蜿蜒回环，松柏夹道，浓荫蔽日。沿途名胜古迹众多，但最让人惊奇的景观是"坐鳌巨佛"。

据报道，居住于济南的李兆海经过多年研究发现，通过 GPS 卫星地图显示，济南千佛山的环山公路构成了一个巨大的坐佛形象，而千佛山南面的金鸡岭、佛慧山、平顶山以及东侧的燕子山天然形成了一只巨大的鳌，清晰地展现出一幅"坐鳌巨佛"

坐鳌巨佛

济南的历史建筑

景观。

千佛山巨型佛像的耳、下颌、颈部由千佛山公园西北门（迎宾门）至千佛山公园北门牌坊之间的山体组成，耳部位于千佛山公园西北门入口处之绿岛，耳部轮廓明显。该巨佛佛像面部及头顶部分应处于经十一路至经十路之间，已建成多处楼房。颈部往南的身体部分呈坐姿，而千佛山山脊形成的右臂自然下垂，置于右腿之上。顺山势再往南，巨佛左腿半立，右腿横卧，双腿呈左舒坐状。巨佛右脚东侧为千佛山公园南门（佛慧门），左腿膝盖处为公园东门（永贤门），脚踝处为辛亥革命烈士陵园，左脚底部位于鱼翅皇宫大酒店门前路北，尤其明显的是巨佛左脚跟部、脚弓、脚趾各部位明显，比例协调，甚为传神。

不过，"坐鳌巨佛"景观倒吻合了济南一则故事。传说济南是一条船，在明朝万历年间，有一个济南的知府，曾经在佛慧山山顶，就是在大佛头所在山的山顶，立了一个橛子，目的就是把济南这条船拴住。因为船在水上是漂来漂去的，只有橛子把船拴住了，它才会稳，济南才不会漂走。而他放橛子的位置，大约就是我们鳌的身子和腿的部分。所以，现在佛慧山也叫橛山。而且，令人惊奇的是，济南有个叫鳌角山的地方，在济南燕山立交桥的东侧，而它的位置恰恰就是在鳌的角部。种种巧合无疑让历史悠久、传奇多多的千佛山又蒙上了一层神秘的色彩。

济南千佛山"坐鳌巨佛"景观发现权利人李兆海表示，该发现中千佛山巨佛占地110公顷，整体奇观占地超过500公顷，是一座名副其实的巨幅景观，全世界范围内目前尚未发现有同类大型景观可媲美。景观其大、其精、其美、其绝堪称世间仅有，很可能是世界迄今为止发现的最大的人工修建佛像景观。

你知道灵岩寺"朗公石点头"的传说吗

灵岩寺位于济南市长清区万德镇境内，地处泰山西北，现为世界自然与文化遗产泰山的重要组成部分。灵岩寺始建于东晋，于北魏孝明帝正光元年开始重建，至唐代达到鼎盛，有辟支塔、千佛殿等景观。灵岩

灵岩寺

寺佛教底蕴丰厚，自唐代起就与南京栖霞寺、浙江天台国清寺、湖北江陵玉泉寺并称天下"四大名刹"。唐玄奘曾住在寺内翻译经文，唐高宗以来的历代皇帝到泰山封禅，也多到寺内参拜。

灵岩寺自晋朝建寺以来就充满了许多故事，使这片土地更具神秘色彩……

传说东晋时候一个叫朗公的和尚，当时是历城神通寺的方丈。那时有个叫张忠的隐士，很有能耐，但得不到朝廷的重用，为避战乱，便来到灵岩峪修行隐居。朗公和张忠是多年的好朋友，无话不谈，交心的话什么都说。所以朗公经常从历城仲宫那边翻过两座山来找张忠，相互交流佛理，抒泄胸中的憋闷。朗公每回来到灵岩峪，都被这里美丽的风景所吸引，高兴的时候总在灵岩山上讲《放光般若经》，每次都有一大群人听讲。

有一次讲到最精彩的时候，周围的山动了起来，石头跟着点头，老虎猛兽趴在地上也不起来，也听不到了平时的马嘶人叫和猿叫狼嚎，只有朗公的说法声在山谷中回荡。

朗公讲完法，当走到灵岩山的山顶时，身子突然定格，不动了。山顶上出现了一个像披着袈裟，手挂禅杖，攀越山峰的老人形象的巨石，后人为纪念这位佛法高深的高僧，便称它为"朗公石"了。现"朗公石"

为灵岩寺浑然天成的一大自然景观。

你知道汇泉寺街有哪些宝贝吗

汇泉寺

汇泉寺街位于大明湖街道北部，南北走向的支路。道路长335米，宽5米。街边的大明湖中有一个半岛，名兰花岛，建于该岛上的汇泉寺因岛上有一"汇波泉"而得名，而在汇泉寺街的北首，有条约80米长的西行小路，直通大明湖中的汇泉寺，故街以寺名而得"汇泉寺街"。

汇泉寺街宝物云集，聚人杰地灵之气。在原汇泉寺街46号院中东屋的西南墙角下，凹进去一个用红砖垒砌的拱形壁洞，壁洞宽0.8米，拱顶高0.5米，深约0.4米，洞中有一块平地凸起、表面突兀不平的灰黑色"怪石"，质地为石灰石，怪石高出地面28厘米，南宽74厘米。继续向下挖，还能碰到坚硬的大块石头，这就是被称为济南三大风水宝山之一的"灰山"。

关于灰山，传说济南中部是渤海的海眼，几千年前常有海水喷涌而出，海水就会将济南淹没，成为一片汪洋。后来，大舜看出了济南地势南高而北低，与风水相逆，于是令人推演，并用三座山来相镇，终将残害人间的祸水转变为甘润万家的泉水，相传这三座宝山便是灰山、历山和铁牛山。人们还习惯称这三座宝山为"三山不见"，之所以有这样的称呼，是因为这三座山实际为平地凸起的三座孤石，没有真正的山那样的高大雄伟，只有走近了才能看到。

汇泉寺街上的另一宝便是二郎庙，二郎庙中所供奉的神仙为"灌口斩蛟的李冰之子水神"。李冰之子经历代加封已尊为"承续广惠英显王二郎"。据说当年汇泉寺街濒临大明湖，地势较低，易遭水淹，于是人们在此建庙祭祀，以祈求二郎神震慑蛟龙，消除水患，保佑当地人民免遭水灾之苦。二郎庙建造简单，没有寺院，也没有山门和配殿，算得上是老济南最小的宗教建筑。二郎庙原位于汇泉寺街中段，现迁移至大明湖景区，除了供游客祭拜外，还经营一些旅游纪念品，景区内，二郎庙南边的那条路得名"二郎庙街"。

由于大明湖景区的扩建，现在已经看不到汇泉寺街原来的样貌，唯一能带给我们有关它的记忆的可能就是大明湖景区的二郎庙和灰山亭了。

你知道钟楼寺"齐鲁第一古钟"的传说吗

东西钟楼寺街在大明湖南岸，其悠久的历史与当地钟楼寺有关。据记载，当时开元寺内有一座古钟，此钟铸于金代明昌年间，至今已有800多年。钟上覆盖莲花纹和八卦图饰，钟高2.4米、径1.8米，重约8吨。

齐鲁第一古钟

《明昌钟亭记》撰文记载："北宋末有刘姓僧人，率兵赴京勤王，为郡民所敬重，爰于明昌年间集资冶铁，铸万斤巨钟。"此钟巨大，故有"齐鲁第一钟"之美名。古代有暮鼓晨钟之说，鼓励"万家之众，勉勤作业，朝夕闻鸿音于星月之下"，所以"齐鲁第一钟"又有"明昌晨钟"之别名。

说到"齐鲁第一钟"，曾有一个让人潸然泪下的传说，故事要从800多年前讲起。金宋时期，在安放大钟的钟楼寺东邻有座大宅院，那里住着一位富有的商人——贾雨。贾雨18岁娶刘氏为妻，30岁生有一女取名芙蓉，一家人过得美满幸福。令人遗憾的是，芙蓉3岁那年，爱妻因病去世。

　　10年后，贾雨续娶寡妇胡氏，胡氏能说会道，哄得贾雨很是开心。其实，胡氏包藏祸心，还不守妇道，早就合计着把老情人夏三接过来，以便在贾雨外出做生意时勾搭。转眼3年过去了，贾雨要外出很长一段时间做生意。临行前拿出一支银杏花的发簪插在女儿头上说："这是你娘的遗物，你戴着就像爹娘在你身边。"

　　贾雨走后的一天，芙蓉无意间看到胡氏跟夏三关系暧昧。胡氏知道自己的行为败露，眼看着贾雨快回来了，被他知道怎么办？恰此时，隔壁在盖钟楼，要铸一口为民祈福的大铁钟。和尚向有钱人家化缘，胡氏热情接待，老和尚也向她讲起了铸造的故事。

　　和尚说他出家前曾以铸剑为生，有一把剑铸造了两年都不合格，他的女儿知道后，一下跳进炉子里化作铁水，这次铸出来的剑不但吹毛可断，而且还能除妖。胡氏一听计上心来，忙对和尚说："长老，您是想让我施舍一个大活人吧？"老和尚连忙合掌念道："阿弥陀佛，罪过，罪过，人命关天，老僧怎敢……如果施主能施舍一头绵羊那就是功德无量了。"胡氏忙说，羊可不会向化铁炉里跳呀，和尚告诉她可搭个架子让羊滑进去。胡氏眼珠一转，满口答应老和尚的要求。

　　夜半，胡氏叫醒熟睡的芙蓉说："庙里铸的祈福钟今夜就要告成，我带你去隔墙遥拜，求神佛保佑你爹在外身体健康，财源广进。"芙蓉一听是给爹祈福，就高兴地跟继母去了，正在等候的夏三一棍把芙蓉打昏。昏过去的芙蓉裹着白布被放到预先搭好的滑板上，推进了化铁炉。此时炉内铁水沸腾，只听一声"哎哟"，一股青烟飘起，芙蓉从此无影无踪。

　　胡氏对匆忙返回的贾雨说女儿跟别人私奔了，贾雨因伤心久久难以入眠。梦中，他忽听到一阵呜咽的哀鸣："女儿冤枉！女儿冤枉！"他猛地睁开眼睛仔细再听，原来是钟楼上新铸的大钟传出的声音。贾雨泪流满面，泣不成声。这时老和尚对他说："钟声这么好，多亏你家施舍了一头绵羊。"贾雨问："什么羊？"和尚说："羊我没见，是你家施舍的羊半夜时在花园墙上被推到铁水炉里的，似乎听到'哎哟'了一声。"和尚又拿出从滑板下捡到的银杏发簪给贾雨看。贾雨立即明白了事实的真相。

不过，一切已经太迟了。从此，每逢钟楼敲钟，人们便想起惨死的芙蓉，人们再也见不到她美丽的身影了。

你知道灵鹫寺与哪些帝王有关吗

灵鹫寺

灵鹫寺是一座相传始建于唐朝、明清两代多次重修的古老寺院，作为历城辖区内保存面积最大、最完整的寺院，早在 20 世纪 80 年代就被列为历城区重点文物保护单位。灵鹫寺位于港沟镇西邢村，远近闻名，实属泉城以东第一佛门圣地。

相传唐朝初年，李世民率军东征，屯兵于港沟镇西邢村。他发现这里人杰地灵，便在这里修筑了"武圣堂"。后来，李世民的战事并不顺利，他便在武圣堂前彻夜思索良计，子夜时分，李世民沉沉睡去。就在这时，他突然听见一阵奇异的叫声，睁眼一看，一只散发着五彩光芒的美丽大鸟腾空而起，停留在武圣堂前，停栖片刻后，又扶摇直上。武圣堂前只剩下三道金光，冲射牛斗。李世民顿时觉得浑身充满了力量，他认为这是神灵在给自己指示明路。果然，不久后，李世民便打了胜仗。此后，李世民重修武圣堂，并将其改名为灵鹫寺。

灵鹫寺与历代帝王一直颇有渊源。相传，清代乾隆前往泰山封禅时曾路经此地停驾，住在了灵鹫寺。当时的圣僧佛果给乾隆帝讲经至深夜，乾隆听得入迷，深为佛果的佛法所折服，便带着佛果回宫讲经。佛果来到京城住了一阵，非常怀念灵鹫寺，便想回来。乾隆不便强留，于是下了一道圣旨，要佛果沿途向各州县知府大小官员等募捐，重修灵鹫寺。官员们纷纷主动跑来捐钱，灵鹫寺一时人潮涌动，盛极一时。整体而观，该寺规模宏大，别具一格。总面积为 60 亩，分三个区域，除东西两处塔林占地 40 亩以外，庙域为 20 亩，由东西南北中五部分组成，建筑布局呈倒梯形，南窄北宽，踏入寺门越走越广。

南泉寺的屏障山和透明山有着怎样的故事

南泉寺的历史当追溯到元代以前。后来该寺依旧屡兴屡废，绵延不断。清道光二年（1822 年）三月，附近村民集资修葺，作《重修南泉寺碑记》说："葛而庄东南……有泉名为南泉，此泉居七十二泉之首。泉北有大雄宝殿，东有协天大帝……殿前有古柏二株。"称该寺为"锦绣川之大观也"。

南泉寺的由来自然和南泉有关。南泉迤南百余米的山间小径边，又有永清泉。泉自石壁缝隙中流出，水量很大，汇为一池。泉池为块石垒砌，全封闭，作为周围居民生产和生活的水源。池壁有 1965 年"永清泉"石刻，当与南泉同时疏浚。如今南泉寺仅剩一座钟亭，质朴端庄，上镌对联为"声偕六律达三界 韵叶五音彻九霄"，横批"赞和"。寺之内外，大山上下遍植梨树，春季花开烂漫时节，犹如白雪纷飞，十分优美。

南泉寺当年香火旺盛，僧侣众多。整个寺院分东西两部分，西乃寺庙，在康王顶以北，东乃僧侣寝室，在透明山之阳处。透明山起初并不透明，而叫屏障山，屏障山像一屏障，终年挡住了僧寝室的阳光。

相传，有一和尚特别懒，既不撞钟，也不早起打扫院子，每天晌午以后才起床。别的小沙弥催他起床，他总是说"还早着呢，不要着急"。有一天方丈急了，冲他大声说："难道你非得等到太阳晒着屁股才起床？"和尚回答："你要能让太阳晒着我的屁股，不用你催，我自然会早早起床。"

和尚睡的床虽靠近窗子，由于屏障山遮挡，阳光不可能照到床上，方丈拿他没办法。一次有位仙人来到南泉寺，方丈将此事告诉了仙人，仙人微微一笑，说道："这事好办。"第二天，太阳升过竿头，仙人来到东南上方，顺着阳光的射线，隔着屏障山，冲着和尚睡觉的窗子，用手一指，屏障山出现一透明洞，一缕阳光顺着透明洞，透过窗子照在和尚睡觉的床上。和尚从此不再懒惰，每天早起。由于此山有了透明洞，当地人也称此山为透明山。

将军庙有着怎样的民间传说

泉城路的北边，西门里鞭指巷或高都司巷北行，中间有条东西走向长不过180米的街道，这就是将军庙街。这条中西混搭的将军庙街，却曾经并列着四座庙堂，自东至西依次为城隍庙、将军庙、慈云观和天主堂。

将军庙里供奉的是清代的济南人刘猛，他的故事颇有些传奇色彩。民间传说，刘猛是雍正年间一位智勇双全的常胜将军，功绩显赫。他的夫人是一位绝代佳人，忠贞而贤惠。雍正贪色，设计将刘夫人召进宫内，图谋不轨，被刘夫人拒绝。次日，刘猛接到陪皇帝狩猎的御旨，他欣然随雍正去西山猎区。谁知，耿直豪放的刘猛却中了奸计，连人带马从山上摔了下来，当场身亡。

将军庙街

身在宫内的刘夫人得知夫君身亡，便对着大红立柱撞去，被太监拉住。雍正气急败坏，以刘夫人再寻死就灭刘家九族相挟，逼她就范。无奈，刘夫人只好假意顺从，条件是皇上得为刘猛在家乡建座庙，以表彰他忠君爱国之心。于是，雍正下令济南府将前布政使李成龙的书院前堂改为刘将军庙。至于刘夫人后来的情况，则无记载了。

故事无源可查，只不过表达了济南老百姓的纯朴性情。老百姓一直认为刘将军是冤死的，因为他本身是位刚直、善良的人，所以升天之后必定护佑一方生灵。因此，济南的将军庙香火鼎盛，很多人都来烧香还愿，年年祭祀。

济南的美食与特产

　　一乡一风味，一味一世界。任何一个地域的饮食，离了养育它的一方水土，便缺了温度，少了感情，丢了魂儿，吃在嘴里就不是那个味儿。无论是街角的苍蝇小馆，还是经久不衰的百年老字号，唯有那让人念念不忘的味道才是济南的根，济南的魂。

　　与美食异曲同工的当然是记载着当地历史发展、蕴含着当地风土人情的艺术特产。这些特产，例如黑陶、木鱼石、发丝绣、根雕……它们化身无声的文化使者，向每一位来到泉城的游客默默诉说着济南的历史，展示着这座城市独一无二的魅力。

济南的美食

草包包子的创始人是草包吗

提起济南美食，立刻闪现到脑海里的就是草包包子。经过近百年历史的洗礼，草包包子变成了最能体现古老济南韵味的老字号。

草包包子的创始人叫张文汉。他生性憨厚，在学厨时默默无闻，终日烧火、择菜、干杂活，故师兄弟间皆呼之为"草包"。家在泺口的张文汉在抗日战争爆发后带着全家迁入了济南市城内。为养活家人，张文汉想要操起老手艺开家包子铺，但苦于没有本钱而着急不已，后来得到当时城内有名的中医张书斋的帮助，他送了张文汉五袋面粉。靠着这五袋面粉，张文汉在太平寺街南段路西，租了两间门面房开起了包子铺。开业之前，张文汉请起名，张先生说："'草包'就很响亮。"于是"草包"二字便成为包子铺字号。

草包包子属于灌汤包，新出笼的包子，白白的薄皮透出粉粉的肉馅，口感松软，香而不腻。既可以坐在店里和大家一起品味，也可以外带。外带的包子都用济南另一大特产——鲜绿荷叶包裹，使热包子别有一种清香，二者的结合也流露

草包包子

出许多老济南人浓浓的乡情。草包包子用刀切肉馅，配以笋丁、蛋糕丁，并以老渍酱油、小磨香油，精心调制，是谓三鲜馅。以新鲜猪肉为原料，配以特制佐料精制成馅，是谓猪肉灌汤馅。再以新"面肥"发二等粉，擀成皮，捏十八褶，呈菊花顶状。上笼蒸十几分钟，出笼时浓浓的香味飘出，让人总是迫不及待地想咬上一口。

所以，草包包子成了大家到济南必吃的一道美味。

"山东省非物质文化遗产名录"中的济南名小吃是什么

油旋，又叫"油旋回"，是山东济南特色传统名吃，是济南家家户户早餐餐桌上必不可少的食物，更是被列入山东省非物质文化遗产名录，成为一种文化习俗的代表。

油旋的名称来源于其形似螺旋，油润金黄的外表。外皮酥脆，内瓤柔嫩，葱香透鼻，趁热咬一口，酥软可口，再配一碗鸡丝馄饨，真是人间至美的享受，实在妙不可言。油旋分圆形和椭圆形两种。若是在油旋成熟后捅一空洞，磕入一个鸡蛋，再入炉烘烤一会儿，鸡蛋与油旋成为一体，食之更美。

油旋

相传，油旋是清朝时期的徐氏三兄弟去南方闯荡时从南京学来的，徐氏兄弟来济南后，依据北方人的饮食特点，将油旋的口味改成咸香味，一直传承至今。如今济南唯一得到制作油旋真传的手艺人是69岁的苏将林。他在制作油旋时极其讲究和面，在不同季节和面时的掺水量是各不相同的。他说"做完油旋后应做到三光，手光、盆光、面光"，能达到这样的程度，面的软硬黏湿度要恰到好处才可以做到。油旋正宗的做法里有一步骤叫"打点"，是擀面杖不时地敲击案板，发出的有节奏的"鼓点"声，是老一辈油旋艺人传下来的。卖油旋的从来不吆喝，他们靠打点代替吆喝声，有经验的顾客都知道听着打点声就能买到刚刚出锅最适合入口的油旋。苏将林一直恪守"师训",从来不卖过夜的油旋,他说:"油旋应趁热吃,刚出炉的油旋最好吃,如果卖过夜变硬的油旋等于砸自己的牌子。"

小小的油旋看上去虽不起眼,制作工艺却不简单,薄薄的小饼竟由60余层薄如报纸的面皮叠压而成。20世纪50年代以来,济南打油旋的人越来越少了,后来,只剩下聚丰德等两三家店铺还在经营油旋。西哈努克亲王来济南时曾到聚丰德品尝过油旋;毛主席曾在济南考察时就吃过苏将林亲自制作的油旋;在"山东省第二批非物质文化遗产名录"中,济南的传统小吃"油旋"榜上有名;学界泰斗、国学大师季羡林也非常喜欢吃济南的特色小吃油旋,还专门给做油旋的张姓店家题字:"软酥香,油旋张。"

为什么甜沫不是甜的

济南诸多名小吃不但因风味独特而名扬九州,更是因为经过了几十年甚至数百年历史的熏陶。甜沫就有上百年的历史,据有关志书记载,甜沫早在明朝时期就已经出现。在济南的众多小吃中,甜沫算是最价廉物美的招牌名优小吃了。

甜沫是济南传统的粥类食物,又俗称"五香甜沫"。正宗的甜沫是用新磨出来的小米面加玉米面,也就是用米面熬出来的。再往里边加花生米、豆腐皮丝、粉丝、菠菜叶等,剁成碎末,再讲究一点的人会在甜沫里放上一点核桃仁。用盐和白胡椒面调味,花生油炒葱姜碎,炒香后加水或者高汤,小米面加玉米面混合,加水搅开制成糊。水开后,将做好的面糊慢慢倒入,搅匀,大概10分钟后出锅,小米面和玉米面特有的清香飘散而出,

甜沫

混着淡淡的葱香味，尝一口，香糯在嘴里蔓延，还有一丝微微的辣，起床后就着油旋喝一碗，好比神仙的享受。

至于甜沫的来源，有很多的传说。其中一个说在明末清初时，因天灾战乱，大批难民涌入济南，有一家田姓小粥铺，经常舍粥赈济。粥铺在粥内加入咸辣调料和大量的菜叶，灾民见煮粥的大锅内泛着白沫，便亲切地称这种粥为"田沫"。当时有一外地的落难书生，也来此求粥，食后感觉香美无比。后来，书生考取功名做了官后，又专程来济南再喝甜沫，并取田姓之粥的意思，为粥铺题写"甜沫"匾额，并吟诗一首："错把田沫作沫甜，只因当初历颠连。阅尽人世沧桑味，苦辣之后总是甜。"从此这种带咸味的粥便叫"甜沫"了。"甜沫"的来历还有一种说法最能"自圆其说"：最早并不叫"甜沫"，而是叫"添末儿"——粥做好了，再添上点粉条、蔬菜、花生、调料之类的"末儿"，味道咸、鲜、香，后来人们才依其谐音雅化成了"甜沫"。

来济南大家万万不可错过一碗甜沫啊。

亮亮拉面是亮亮做的吗

亮亮拉面已有近 30 年的发展史，也是老济南的变迁史。当年被爸妈牵着手来排队吃面的孩子，而今又领着自己的孩子来吃面，这一幕让人无不感受到时光的力量以及传承的奇妙。

1987 年，一家挂着"亮亮小吃店"招牌的摊位在诸多小吃店中开张了，香浓的骨汤、筋道的面条、独特的美味勾起了许多济南人的兴趣，面摊前每天都要排起长队。摊主是一名只有 17 岁的少年，名叫罗亮，他娴熟的拉面技术引来了许多人驻足观看。罗亮在兰州学习拉面手艺，如顺口溜所讲：三遍灰，三遍水，九九八十一遍揉。看似简单

亮亮拉面

重复的动作，实际上手才知道难度，怎么把水、碱、面充分混合，使面团光滑？怎么把握时机在面团中加多次水？这些都需要无数次的反复练习才能精确的掌控。

因为兰州和济南不同的饮食风俗，口味差别很大。罗亮根据济南人的膳食习惯将拉面进行了调整，选用鲜猪后肘拨膘精肉和后肘骨，加香料熬制成面汤，再用油炸上等川红辣椒及香料制成辣酱，最终推出了属于自己的独特口味拉面——汤清爽、肉软烂、辣油红艳、香菜翠绿、面条柔韧。一碗亮亮拉面，讲究一清、二黄、三红、四绿，色香味俱全。后来加入新品种的拉面由传统工艺和现代工艺相结合，嚼劲十足，鲜爽滑嫩。如今亮亮面馆的面条，采用特级专用面粉精工细作，光滑筋道，并且能拉出大宽、二宽、韭叶宽、一粗、二细、三毛细及荞麦棱面7种不同种类的面条，配上鲜香清爽的面汤，予人绝佳的口感。济南人时常上面馆缅怀记忆中的老味道，顺便尝尝新的口味。

如罗亮所说："一辈子做好一件事，开好一家店"，在他看来，把亮亮面馆打造成真正的"济南老字号"，匠心传承百年，比一切都重要。这不但是饮食的继承，更是文化的传承。

济南黄家烤肉有什么独特的地方

提起烤肉大家都可能不会有专门到某个地方去品尝的经历，因为实在是太常见了，而且口味不会差太多。但是有着300多年历史的济南黄家烤肉就有着让人们不远万里到异乡去品尝一番的魔力。

黄家烤肉

黄家烤肉从光绪年间就开始在济南经营，由黄氏家族创制，因而名为黄家烤肉。而这300年的历史则起源于元朝。传说济南市一姓黄的武官因打了败仗而被贬级，门可罗雀，而其中一蒙古随从因为烤的肉味道鲜美而吸引了很多人，他深受启发，也经常烤肉吃。到明朝末年，终于发展到用特制的炉子烤整猪，并以烤肉谋生。

黄家烤肉整猪烤制，去骨后每间隔2厘米左右划割一刀，将特制的调料里里外外都抹上一层，腌渍30分钟左右，然后将整只猪挂起来，里面用麦秸撑开，外面则用扒条卡住，形成桶状，便于烤制时受热均匀。之后将烤炉点燃，猪担在炉上口，将一口大锅反扣在炉口上，将其密封。45分钟之后，烤肉即熟，掀开大锅，香飘十里，既有猪肉本身浓郁的鲜香，又有一股稻草的清甜，用刀刮去猪皮上焦煳的外层，将肉切成薄片，烤肉皮黄酥脆、外焦里嫩、肥而不腻，食之实在是莫大的享受。或者与豆腐烩制，或者烧饼夹烤肉，都是老少皆宜的美味。

传说慈禧太后吃腻了御膳房制作的各种山珍海味，品尝了"章丘黄家烤肉"之后，觉得此肉肥而不腻，皮酥肉嫩，别具异香，回味悠长，便重重赏了黄家，还御赐给黄家一面铜牌。朱德委员长来济南视察也指明要尝黄家烤肉。1988年，黄家烤肉参加了中国首届食品博览会，获"全国首届食品博览会银奖"。

清朝末年名声大噪的济南名小吃是什么

济南烤肉种类繁多，味道也是各有千秋，其中名士多烤全羊作为泉城"十大名吃之一"，以其独特的味道，鲜嫩的口感脱颖而出，深受民众喜爱，清朝末年即名声大起。

名士多烤全羊选料十分苛刻，只选梁山1岁左右的青山羊进行烹制。将羊宰杀刮洗干净后，在羊的腹腔内和后腿内侧肉厚的地方用刀割若干小口。再在羊腹内放入葱段、姜片、花椒等调料，浑身抹擦精盐入味，再刷以特制的酱料和焦糖，

名士多烤全羊

尤其在刀口处要尤为仔细。然后将羊腹部朝上，挂入提前烧热的烤炉内，用大锅盖严封好，3~4小时后，待羊皮烤至黄红酥脆，肉质嫩熟时取出。食用时一般整羊上桌，烤全羊外表金黄油亮，外部肉焦黄发脆，内部肉绵软鲜嫩，羊肉味清香扑鼻，颇为适口，别具一格。名士多烤全羊选用以果木和木屑为原料，整个制作过程中不添加任何多余的东西，属于极为环保的食品。用传统木炭烤制，更是增加了温补脾胃、补肝明目、保护胃黏膜等药用功效。烤全羊因烤制方法而保持了原汁原味，大量的微量元素没有遭到破坏而使其具有健脑益智、保护肝脏、延缓衰老等功用。

烤全羊还有一个传说。在很久以前，一户人家院子里突然起了大火，烈焰冲天，把院子里的东西都烧光了。宅院的主人赶回家后只见一片废墟，惊得目瞪口呆。正在痛心疾首的时候，忽然一阵香味扑鼻而来。主人循着香味找去，发现原来是从一只烧焦的羊羔身上发出来的。主人看那小羊烤得色泽油亮。他尝了又尝，滋味让人欲罢不能。大火造成的损失带来的心痛瞬间就被美好的味道冲淡了，而他也因为发现了新的美食烹饪方法而赚了个盆满钵满。

名士多烤全羊以家传秘方烤制，保持羊羔的原汁原味，色香味俱佳，是一道不可错过的美食。

把子肉和拜把子有何关系

说起美食，大都从色、香、味三方面说起，缺了哪一样都会让美食不那么诱人，但把子肉仅仅靠味道就俘获了大批的粉丝，让它成为传承近2000年的一道传统美食，就是在济南，把子肉也有上百年的历史了。

把子肉

关于把子肉的来历，相传东汉末年时，刘备、关羽、张飞三人，心怀大志，在一起共商大事后决定"拜把子"。张飞是屠户，多的是猪肉。拜完把子后，几个大粗人就把猪肉萱花豆腐，扔在一个锅里煮。这就是把子肉的雏形了。后来，隋朝时，鲁地的一位名厨将此做法进行了完善，精选带皮猪肉，放入坛子炖。炖好的把子肉肥而不腻、瘦而不柴，色泽鲜亮，入口醇香，价格公道，深受老百姓的喜爱。

很多人不喜欢吃肥肉，但老济南把子肉经过巧妙的烹饪，将肥肉和瘦肉结合在一起，产生肥而不腻的上佳口感。老济南人喜欢用把子肉下饭，而一口饭一口肉的搭配就恰好把米香肉香统统带出来。济南的把子肉强调酱油的重要作用，选用新鲜的不肥不瘦的1斤左右的白条猪，切八块，蒲草捆好，冒过两遍清汤后放入坛子，加入严格调制的独特配方的调料，猛火开锅文火炖，炖至酥烂，火候足到，一起封，香气四溢……入口有醇厚的余香，掉在地上，就像豆腐一样摔得稀碎。吃的时候还有其他的辅菜来搭配，比如：四喜肉丸、兰花干、海带结、小青菜、豆角、鸡腿等荤素组合，可以满足顾客的不同饮食需求，要是来一瓶啤酒，再配上一碗白米干饭浇上美味鲜香的肉汁，吃起来满嘴流油，回味悠长，口口留香。

每个城市都会有一种专属自己的味道，这种味道足可以让浪迹天涯的游子嗅味思乡。对济南人来说，这种味道就是从吃的第一块把子肉开始的。

坛子肉如何将肉变得肥而不腻

坛子肉是济南的传统名菜之一，同样有着上百年的历史，既是底层劳动人民的最爱，也曾被端上过皇上的餐桌。因为肉用瓷坛子煨炖而成，故名坛子肉。

坛子肉正式开始为大众所熟知始于清代，清末济南经营坛子肉有名的店家同元楼，开业于清光绪年

坛子肉

间，做出的坛子肉酥烂而不失其形，口感肥而不腻，色泽红润而亮，有独特香味，在当时享有很高的声誉。坛子肉最初是由农民创制的。长期生活贫苦的农民不舍得吃好不容易得来的猪肉，便采用腌、炸、炖等民间特殊工艺加工而成。在明朝之前都是以巴蜀花椒磨粉，再加上姜蒜切丁一起腌制，明以后辣椒从番外传入湘西地区，后发现使用辣椒坛子肉口味口感更好，则在以后均采用辣椒进行腌制，后被传为宫廷御品。

现在制作时是以上好的新鲜五花肉为食材的。将猪肉切成2厘米见方的块，过沸水后，和葱段与姜片一起用麻绳捆扎好。把肉块放入瓷坛子中，加冰糖、酱油、葱、姜等，加水浸过肉块，用盘子盖严坛子口后，烧开5分钟，改微火煨炖约3小时。完成后掀开盖子，和水汽一起冒出扑鼻的香味，再看猪肉，形态丰腴，色泽棕红，夹起来尝一口，味道浓厚，鲜香可口，肉烂而不腻，既可以配着喝酒，也可以下饭，是济南人招待客人的不二选择。

位于济南汤菜之冠的菜肴是什么

若要一品正宗的奶汤蒲菜，只能前往济南。它以济南大明湖出产的一种质地鲜嫩、味道清香的蒲菜为主料，加奶汤烹制而成，素有"济南汤菜之冠"的美誉，又历来被人们誉为"济南第一汤菜"。早在明清时期便极有名气，如今盛名犹存。

蒲菜又称"蒲笋"，是济南大明湖的特产之一，具有清热解毒、凉血利水和消肿的功效。香蒲的嫩根，色白脆嫩，是极好的食材。蒲菜本身没有鲜味，在烹制时必须用味厚而浓的奶汤烹制，使蒲菜的味鲜美。即使在汤中煮很久，蒲菜仍旧保持鲜嫩。至于清汤和奶汤也是有明确区分的。选取肥鸡、肥鸭和猪骨一起煮汤，并且适当地加入鸡肉泥，吸收汤里的杂质，于是便有了"清汤"。厨师们在"清

蒲 菜

汤"里再放入骨头一起煮，随着骨髓溶入汤里，汤就变成了色泽乳白、鲜香味浓的"奶汤"。用奶汤和蒲菜烹制成肴馔，色泽乳白，脆嫩鲜香，清淡味美，是高档宴席之上乘汤菜。

奶汤蒲菜因制作简单，营养丰富，材料易得，而常常出现在餐桌上。制作时，将蒲菜切段，和冬菇、玉兰片等一起过水，爆香葱后，放入奶汤，将之前准备好的材料加入，再加盐、姜汁等调味，煮沸，撇去浮沫就能出锅。当然，奶汤蒲菜还有另一大秘密武器，那就是所使用的葱椒绍酒，这可是山东独特的调味品，用花椒、葱白末在绍酒里浸泡而成。

在蒲菜生长的季节，选最嫩的蒲心，做一道济南的奶汤蒲菜是家家户户必有的活动。寻常人家不备高汤，用面粉炒煳，也能调制出浓稠的奶白色汤汁。加上火腿、香菇和冬笋的陪衬，鲜香倍增。

九转大肠与九转仙丹有何关系

九转大肠原名为红烧大肠，后经过多次改进，红烧大肠味道进一步提高，改名为九转大肠，是山东省济南市传统名菜。在清朝光绪初年，由济南九华林酒楼店主首创。

传统的九转大肠是把猪大肠洗净后，将整套肠子一层层套起来，加香料煮熟。捞出后切断，加入多种调料红烧，名为"红烧大肠"，菜品色泽红润，五味俱全，肥而不腻，适合大众口味，刚刚面世就赢得了各方食客的赞赏。经过改良后，现如今的九转大肠是将猪大肠经水焯后，切段油炸，炸至红色时捞出，再灌入十多种作料，用微火爆制而成。成菜后，造型美观，色泽红润，柔韧异常。吃起来质地软嫩，兼有酸、甜、香、辣、咸五味，鲜香味美，让人怎么吃都吃不腻。除好吃外，猪大肠又名肥肠，含脂肪等营养物质，有润燥补虚、止渴止血等功效，当得起好吃美味又营养丰富的

九转大肠

美名。

关于"九转大肠"名字的来历，还有一个有趣的故事。传说济南九华楼是由富商杜氏所经营。杜氏掌柜对"九"字有着特殊的爱好，什么都要取个九数，他有九家店铺，所开的店铺字号都冠以"九"字。九华楼位于济南县东巷北首，虽然规模不大，但司厨都是名师高手，烹制菜品极其讲究，红烧大肠就很出名。有一次杜氏宴客，众人对红烧大肠都赞不绝口，有一文士为迎合店主喜"九"之癖，另外，也为赞美高厨的手艺，当即取名"九转大肠"，同座都问何典？他说道家善炼丹，有"九转仙丹"之名，吃此美味佳肴，如服"九转"，可与仙丹相媲美，举桌都为之叫绝。自此九华楼的招牌菜便以九转大肠而声名鹊起，并流传到山东各地。

济南最经典的黄河鲤鱼菜肴是什么

用黄河鲤鱼所制成的美食在济南最著名的当数糖醋鲤鱼，糖醋鲤鱼作为鲁菜的代表菜品之一，它看起来色泽金黄，尝起来外焦里嫩，酸甜可口，香鲜味美。据说糖醋鲤鱼最早起源于济南泺口，后逐渐流传至山西、河南等地。制作时将处理干净的黄河鲤鱼两边均匀地剞上牡丹花刀，倒提鱼尾时，两边剞花刀的鱼肉能从尾部向上翻卷。然后用蛋糊裹匀，下油锅炸至金黄色捞出。最重要的一步，在保证鱼形完整的情况下将鱼骨抽出。然后加适量白糖、香醋、姜末、料酒、食盐等调料，兑入开水，勾入流水芡，用旺火热油烘汁，至油和糖醋汁全部融合，放进炸好的鱼，泼上芡汁就完成了。做好的糖醋鲤鱼色泽枣红，软嫩鲜香，外焦里嫩，甜中透酸，酸中微咸，美妙得想让人将舌头吞下去。

至于鲤鱼的营养价值人人都能说出几个来，鲤鱼中含有蛋白质、多种维生素、矿物元素等，能补充

黄河鲤鱼

多种维生素和蛋白质，促进消化吸收，增强抵抗力，它能够治疗小儿黄疸，对胸闷、腹胀等疾病有一定疗效，能防治动脉硬化、冠心病，还能延年益寿。

济南北临黄河，黄河鲤鱼不仅肥嫩鲜美，而且金鳞赤尾，形态可爱，是宴会上不可或缺的美味佳肴。据说糖醋鲤鱼最早始于黄河重镇——洛口镇。《济南府志》上早有"黄河之鲤，南阳之蟹，且入食谱"的记载。《诗经》中也记载了："岂食其鱼，必河之鲤。"这说明早在 3000 多年以前，黄河鲤鱼就已经成为脍炙人口的美食了。发展至今，它已经是全国人民都熟悉的菜品，若要数最为正宗的糖醋鲤鱼，还是得来济南寻找。

济南便宜坊的锅贴为何名扬四方

品尝过济南各方美食，别忘了再要点锅贴。要说济南范儿，这锅贴得算上一个。

包子怕露馅，而这锅贴恰恰是要露馅。锅贴形状像一弯金黄的月牙，绵软不粘牙，酥脆而不硬，汁水充盈而香甜，面皮和馅料配合得天衣无缝。对于熟悉锅贴的人都知道，吃锅贴一定要讲究"最好的时光"——刚刚出锅时，香飘十里，外表金灿灿的，底部酥脆、周边稍软，热气腾腾，看着就香，咬一口，更是酥香可口，回味无穷。所以一锅出来，数分钟后就"售罄"了。而济南锅贴要数便宜坊的最正宗。便宜坊锅贴包制时两端留口，微微露出馅料，煎烙时，先在锅里淋油，然后把锅贴紧挨着放齐，淋上清水焖煎。

相传，便宜坊的招牌可以追溯到明朝永乐年间。济南的便宜坊锅贴，也是相当有历史了。济南便宜坊的创始人是曾在天津便宜坊饭馆当伙计的张月祥。1926 年天津发大水，他无以为生，于是就流落到了济南，在纬四路子云亭当伙计。张月祥后来用自己的积蓄，又联合了五六个人共同集资，在经三路纬四路开办

锅 贴

济南的美食与特产

了便宜坊饭店。便宜坊锅贴，味美量足，十分实惠，生意也就红火起来了。

不仅是老济南人会坐公交车前来吃锅贴，很多外地游客都会慕名前来尝尝鲜。便宜坊锅贴一直坚持着传统的制作工艺，在用料上相当讲究，除了上好的五花肉，便宜坊锅贴所用的蔬菜，几乎都是根据季节去选择。其中最经典的蒲菜馅锅贴，过去用的是大明湖、北园一带夏天出产的蒲菜，过了那段时间，也就吃不到了。包锅贴所用的面皮，也有严格的标准，每斤面刚好出40张面皮。制作工艺遵照老传统，店面也尽可能地保留着老的样子，没有奢华的装修，也没有精致的餐具，盛放锅贴的白瓷盘没有一丝丝雕饰，老水牌依然挂在墙上，那口老锅一直在用，烹饪出地道的济南情怀。

济南哪道美食成就了一家博物馆

济南作为著名的"泉城"，因泉水名扬四海，自然围绕泉水衍生出了很多著名的美食，其中，最为著名的要数泉水豆腐。因为制作过程都是使用泉水，所以叫泉水豆腐。

说到泉水豆腐，不得不说的是泉水豆腐博物馆；原名泉水豆腐坊，在百花洲历史街区，靠近岱宗街的一处两进四合院内。门口墙上的雕花儿、迎门的旧案几，进门的四方小院、又黑又高的大门透露出历史的厚重感。涨发的黄豆在磨制和熬制中散发的豆香，弥漫着小院。就餐区装扮得古色古香，到处都有泉水豆腐的古老痕迹。在里面还可以品尝最为正宗的泉水豆腐。

泉水豆腐的品质上佳，看上去白中略带点黄，闻起来一股浓浓的豆香，按上去韧性十足，吃起来更有原始的黄豆香浓的味道。当然，和泉水豆腐一起出现的还有泉水豆腐脑。豆腐脑为百花洲——这个不

泉水豆腐

是江南胜似江南、被泉水洗涤的地方吸引了大量的人。红的辣椒，绿的韭花，深褐色的豆瓣酱，还有麻汁、蒜泥一勺勺放在嫩白的豆腐脑上，色彩鲜明。甘洌的泉水把豆花洗涤得更加清香，入口也就更嫩、更滑，还有点脆生的感觉。简单的一道菜做得这么不简单实属难得。

关于泉水豆腐脑还有一个美好的故事。据说在明代，后七子之一的李攀龙，有一天，正愁着给老家介绍来的乡亲安排工作。老神仙来到梦里，给他支了个招，用泉水做豆腐脑。豆花的清香，加上甘洌的清泉，口味自然不一般。于是，李攀龙一觉醒来后就安排这位老乡去做豆腐脑。一来二去，形成了大明府城的豆腐脑一条街。这个传说透着老济南人浓浓的人情味儿，也透着乡民对前贤的亲近与眷恋。

什么时候去吃大梁骨最适合

在济南人的记忆中，三五知己、亲朋好友围坐在一起，喝酒、聊天吃大梁骨，是最美好的时光。

大梁骨俗称羊蝎子。这个名字看似怪异，却将内容和形式融为一体，带里脊肉和脊髓的完整羊脊椎骨，看上去非常像蝎子，故得其名。羊肉属温性，是最好的冬季滋补食品，骨头上的肉也是最好的。因此，冬天一家人围在一起吃大梁骨是再好不过的选择了。烹制好的大梁骨，咸香适中、酱香十足，每一口肉都吸足了汤汁。尤其是中间的骨髓，不似牛骨髓那么油腻，入口即化、爽滑无比。看到满盆的大梁骨，即使是不喜欢吃肉的人闻到那味道也恨不得立刻扑上去。大梁骨有"补钙之王"的美誉。经过长时间的焖制，有利于钙质的吸收。老年人吃了能缓解骨质疏松，中年人吃了能养颜美容，小朋友吃了能增高健脑，堪称老少皆宜、四季均可的上乘美味佳肴。俗话说"吃猪不如吃牛，吃牛不如吃羊。"而大梁骨又是羊中精品——

大梁骨

其肉香嫩而不腻，其骨多髓而不滑，其汤浓香而不膻。对于喜欢吃肉的人来说，既可以解馋，又不会导致长胖，是莫大的享受。

大梁骨这道菜可追溯到康熙年间。据说蒙古王爷奈曼王有次打猎回来路过后院，闻到香气扑鼻。跟下人打听才知道，是新来的厨子给下人们炖羊脊骨吃。奈曼王爷一尝，味道鲜美，看脊骨那形状酷似一只蝎子，就起名为"羊蝎子"，并且作为府上的食谱。后来，就传到民间了，受到大众的喜爱。

现在很多饭店都可以做出地道的大梁骨，小金庄、周家老店、吉同饭店（清真）、米家羊排……还在等什么呢？约三五知己好友来济南吃一次大梁骨吧，绝对是难忘的享受。

名扬四海却坚持不开分店的济南名吃是什么

说起济南的老字号名吃，孟氏扒蹄绝对是不可错过的美味。虽说它不像其他传统的美食有那么久远的历史，却是孟老先生推着三轮车一步一个脚印闯出来的老招牌。

孟氏扒蹄起源于20世纪前期，当时位于今五龙潭公园西南侧的"文升园"是老济南人人皆知的饭庄，文升园的招牌菜"罐儿蹄"享誉济南城。老厨师在陶瓷罐子内放上3个到5个猪蹄，兑好汁，放上配料，用大火转小火焖一天。待到出炉时酱香四溢，肉质酥烂，色味鲜醇，食后吮指回味。后来，"罐儿蹄"经过创新，吸其精华，弃其糟粕，自成一家，逐渐发展成了现在的孟氏扒蹄。孟氏扒蹄有色泽细腻红润、肉烂脱骨而皮整、味鲜醇厚而鲜香的特点，酱香软烂、肥而不腻，是老少皆宜的传统美食。门脸不大却生意兴隆，每天定量，晚来者不仅要排队，而且经常买不到。

在这几十年的经营过程中，孟氏扒蹄经历了风风雨雨，曲折坎坷，一路坚持过来靠的就是一个字："意"。意字拆开来为

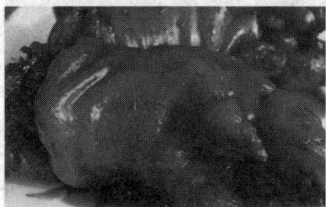

孟氏扒蹄

立、曰、心三字。立的意思是要站立迎客以示尊重；曰的意思是不要吝啬话语，迎来送往，介绍产品，解释疑难，使顾客有宾至如归之感；心的意思是一心一意服务大众，用心对待每一位顾客。这就是孟家扒蹄的经营理念。孟老先生怕扩大生产、大开分店会失去其原汁原味，因此一直坚持家庭作坊式经营方式，绝不开分店。外地人想要吃到孟氏扒蹄只能到济南，当然，它也不会让你失望。

来品尝孟氏扒蹄，不单单是一次味觉的绝美享受，更是体验孟氏扒蹄几十年来始终如一的经营理念和制作方法的极好机会。

济南哪种名小吃仍使用最古老的烹制方法

济南的甏（bèng）肉，制法古朴，距今已有 600 多年的历史。甏是一种盛放食物的器皿；甏肉顾名思义，就是盛放在甏中焖卤而成的卤肉，具有一罐多味、香醇不腻、原汁原味的特点。

甏肉色泽红亮，质地柔嫩，肥而不腻，烂而不糜，汤浓味厚，咸香可口，堪称一绝。甏肉采用精选新鲜猪五花肉或里脊肉配以传统特殊工艺，在中国传统的砂甏中用木炭文火精心烹制而成，猪肉色泽红亮，口感酥烂、清爽，肥而不腻，食者均感满口留香。

甏肉最早起源于元朝。随着京杭大运河的开通，南方的大米从水路源源不断运往北方。江浙一带客商坐船来北方做生意，吃不惯北方的饭菜，出行前，总爱携带一些腊肉，同时焖煮一大坛卤肉，放入南方的豆制品，随船北上，易于保存。由于反复加温焖煮，糯烂奇香。吃饭时，蒸熟的米饭拌上陶器炖出来的肉并浇一点卤汤，别有一番风味，引得人们争相仿制，逐步发展成今日的甏肉米饭。新中国成立前，常有经营者以扁担挑着饭菜走街串巷，一头挑炭炉，一头挑饭，甏置于炭炉之上。此法可节约炭火，又使肉有一种别样的风味。

甏 肉

随着社会经济的发展，瓾肉米饭不断改进创新，增加了卷煎、面筋、肉心丸子和鸡蛋等一系列菜品。大块是瓾肉的一个显著特点，肉肥而不腻，口味虽然单纯但令人回味无穷。瓾肉面筋肉丸肉卷等是吃瓾肉干饭必不可少的佳肴。瓾肉和各种配菜之间互相影响，相辅相成形成一种与分开吃大不一样的独特口味。

瓾肉作为全国首屈一指的特色名优小吃，随着不断改进，相信未来会吸引更多的人。

济南的大舜宴与大舜有何关系

大舜宴是山东济南市舜耕山庄根据"舜耕于历山"的记载，结合济南地区的特产食料，运用鲁菜的烹调技法设计研制而成的特色传统名宴之一。它的主题与内涵就是以凤凰图腾的意蕴和寓意，将整桌宴席置于祥和祺瑞的氛围之中，使客人在享受古色古香、充满原始烹饪遗韵的美味佳肴的同时，感受到一种古典的质朴之美。

大舜宴的菜点设计由果品、冷荤、热菜、面点四个部分构成。果品以中国古时已有的品种为主，充分显示先人丰硕的劳动成果。冷荤菜肴由一个凤凰拼盘和八个瑞鸟小拼盘构成，寓意着中华民族兴旺发达、欣欣向荣的景象。宴中所有的热菜、面点均有一段动人的历史典故与传说；菜肴的烹制，讲究用现代的烹调技艺表现古代的烹饪风味；用料则以我国原产为主，但在菜肴的配伍上力求借今显古。

济南南郊的千佛山，古称历山，又称舜山、舜耕山。传说大舜即位之前在大尧考察时期被排挤和陷害，但舜沉默不语，无论在哪里都能取得成绩。舜在历山种田，相传有象为之耕，有鸟为之耘，历山的种田人也都不再争地界；舜在雷泽捕鱼，雷泽的渔民都互相礼让；舜在黄河岸边制陶器，黄河岸边制造的陶器不再粗陋。舜所住的地方，一年聚成村落，二年成了乡镇，三年就变成都会了。于是，尧就把天下交给了舜。舜做了39年帝王，政治清明，人民富庶。而舜耕种就是在历山。

虽然一桌大舜宴不足以展现当年大舜刀耕火种、猎禽降兽、贤被四方的丰功伟业，但可以从这一看一馔、一杯一盏、一啜一饮中激发人民缅怀中华先民的思古之幽情，从而领略大舜文化的深刻内涵与博大意蕴。

为什么有"赤鳞鱼不下山"之说

赤鳞鱼，又名石鳞鱼、斑纹鱼，中国八珍之一。用它制成的著名菜肴便是清氽赤鳞鱼。

泰山赤鳞鱼肉质细嫩，肥而不腥，含有较高的蛋白质和脂肪，滋味极美。烹制时可炖、可氽、可炸、可熘，但以清汤氽制为最佳。食用赤鳞鱼需活鱼烹煎，炸过的鱼有三道弯，似活的一般；若用死鱼，则炸不出弯来。这种鱼离水即死，故捕捞时需备盛潭水的器皿，以暂放活鱼，但不能久放，所以要尽快烹制，以尽得其鲜。关于此鱼，史书曾记载：将鱼"暴于暑天之日下，不到一个时辰，即化为油。"据说，清代乾隆皇帝曾多次游览泰山，每次必食此鱼。因而从清朝开始，赤鳞鱼日益著名，最终驰名中外。

将赤鳞鱼用泉水清汤氽制滋味最好，既有赤鳞鱼本身的鲜香味道，又有一丝泉水的甘甜。食用时以竹刀将鱼剖净，入沸水锅氽熟，捞出放在汤碗内，加胡椒粉。炒锅加鲜汤、盐、酱油、花椒、绍酒、味精等调味。烧沸后，撇去浮沫，倒入鱼碗内即成。成菜鱼肉鲜嫩，汤清味美，无鱼腥味。赤鳞鱼曾是清代贡品，因而清氽赤鳞鱼在当时也只有皇帝才能吃。

赤鳞鱼是一种为泰山所独有的小型野生鱼类。泰山溪流富生藻类，溪水常流低温，径流弯曲，含氧丰富，pH 呈中性，各种矿物质含量低，形成赤鳞鱼适宜的生态环境，故有"赤鳞鱼不下山"之说。

当然现在有专门养殖的赤鳞鱼用作食用，泰山也成立了专门的保护区保护赤鳞鱼，不会因人类捕捉而给赤鳞鱼带来灭种的灾难，在追求美味和经济发展的同时也保护了环境。

宴会压桌菜为什么起名叫清汤全家福

清汤全家福是山东济南的传统名菜之一，属于鲁菜系。一般是宴席的最后一道上品菜，故又称为压桌菜。全家福是取其吉祥之意，祝福人们阖家幸福。清汤全家福选料精细，品种多样，色彩缤纷，汤鲜味美，营养丰富，是多种喜庆宴席上不可缺少的一道佳肴。

清汤全家福

清汤全家福主要食材是海参、牛蹄筋、鱼翅、虾仁，口味醇厚，汤鲜味美，营养丰富。海参含胆固醇低，脂肪含量相对少，对高血压、冠心病、肝炎等患者及老年人堪称食疗佳品，经常食用对治病强身很有益处。它还含有硫酸软骨素，有助于人体生长发育，能够延缓肌肉衰老，增强机体的免疫力。牛蹄筋中含有丰富的胶原蛋白，脂肪含量也比肥肉低，并且不含胆固醇，能增强细胞生理代谢，使皮肤更富有弹性和韧性，延缓皮肤衰老。鱼翅胶质丰富、清爽软滑，是一种高蛋白、低糖、低脂肪的营养丰富的食品。它还含降血脂、抗动脉硬化及抗凝成分，对心血管系统疾患有防治功效。虾仁营养丰富，肉质松软，易消化，对身体虚弱以及病后需要调养的人是极好的食物。虾肉中含有丰富的镁，能很好地保护心血管系统。

此菜用清汤调制，多用于老人寿诞、新婚喜庆、婴儿弥月、阖家团聚的喜庆宴席，故名"清汤全家福"。山东济南菜对清汤的调制有独到之处，千百年来，素享盛誉。这道菜里的清汤用猪肘子、母鸡、肥鸭为原料。先用旺火后用文火炖煮，经两次"清哨"后，清澈见底，汤鲜味醇。以清汤为调料，配以海参、鱼翅、鱼肚、蹄筋、鸭腰、鸭肝、鸡胗、虾仁、猪腰子、猪黄管调制而成的"清汤全家福"，汇集多种食材于一汤，汤鲜味美，营养丰富，常作为高档宴席的压桌菜。

清汤全家福也被好吃的人改良为家常菜，若能有幸寻得，便能来一场舌尖上的美食之旅。

为什么泉城烤薯以如此快的速度占据市场

泉城烤薯是由薯立方集团于2015年创立的都市化烤薯品牌。其核心打造的现代版"新奇、时尚、健康烤薯"系列,自上市以来,在全国品牌合作区域受到男女老少的追捧和喜爱,给消费者带来美食的享受。

泉城烤薯香甜可口,外脆里糯,老少皆宜,营养丰富。有荔枝、芒果、奶油、蜂蜜、脆皮烤薯等八种口味。特色无皮烤薯,全国独有的烤制方法,锡纸包裹更加健康、卫生。还制成多种特色薯类休闲零食,如紫水晶薯仔、紫薯沙拉等产品,还有红薯条和饮料等,都是健康指数较高的薯类特色休闲零食。红薯富含蛋白质、淀粉、果胶、纤维素、氨基酸、维生素及多种矿物质,有"长寿食品"之誉,含糖量达到15%~20%。有抗癌、保护心脏、预防肺气肿、糖尿病、减肥等功效。明代李时珍《本草纲目》记有"甘薯补虚,健脾开胃,强肾阴",并说海中之人食之长寿。中医视红薯为良药,它既能饱腹,又能滋养身体,作为食材是非常不错的选择。

红薯的故乡在中南美洲墨西哥、哥伦比亚一带,最早传进中国约在明朝后期的万历年间。甘薯因来自番外,闽地人称为"番薯"。番薯传入中国后,即显示出其适应力强、无地不宜的优良特性,产量较高。17世纪初,江南水患严重,红薯自福建引种到上海,随之向江苏传播,收成颇佳。如今,除青藏地区外,我国大江南北皆有其踪迹。番薯高产,红军当年打游击时物资匮乏,便和山区农民朋友一起在房前屋后种些番薯,解决了食物短缺的难题。

泉城烤薯既顺应了创业热潮,又提供了一种将普通食材做出新滋味的美食,因此能迅速地吊起众人的胃口,也就不足为奇了。

猪腰如何由下水变为顶级美食

爆炒腰花是山东省特色传统名菜,属于鲁菜,是以猪腰、荸荠等为主料的家常菜。其特点是鲜嫩,味道醇厚,滑润不腻,具有较高的营养

爆炒腰花

价值。

爆炒腰花制作的关键为臊味是否去除干净，口感是否鲜嫩酥脆。配菜和佐料因地而异，口味也随之有偏甜、酸、咸、辣之分。猪腰有很重的腥臊味，处理不当会很难下咽，因此在做之前，一定要将猪腰剖开，将内部的白色脂肪剔除干净。料汁中放糖和醋，也可以去除腰花的腥臊味。如今的炒腰花，基本还是遵古法，制作时将猪腰子从中片成两扇，去净臊味。洗净后，在片开的一面用刀斜画十字花纹，再切成小块，放淀粉、精盐拌匀。用旺火将花生油烧热，放入腰子，尽快拨散，随即捞出。炒勺内放少许油，放葱姜蒜末，煸炒后，再放荸荠片、笋片、木耳、青菜芽，随即烹醋，放酱油、清汤和淀粉少许，再放入腰花拌匀即可出勺。

猪腰富含蛋白质、脂肪，另含碳水化合物、核黄素、维生素 A 等成分，具有补肾壮阳、固精益气的作用。爆炒腰花是一道在济南广为人知的家常菜。

虽然原料是下水货，但经妙手烹制，却不失为美味。清初《食宪鸿秘》一书中就有关于此菜的记载，烹制方法颇似现在济南的做法。

用爆炒法烹制菜肴，是济南菜的重要技法。调味中要烹醋，也是济南菜的特色。南方是不喜欢这种快速爆炒菜的。

炒腰花作为济南名菜，20 世纪 50 年代被编进《中国名菜谱》，制作方法是济南名厨刘永庆提供的。刘永庆自 15 岁即在济南随名师冯德林学习烹调技艺，出徒后先后在济南名店百花村、东鲁饭庄、洪源楼等餐馆担任厨师达 30 多年，经验丰富，特别擅长烹制讲究火候的名菜，炒腰花就是他的拿手菜之一。

食用明湖烤鸭时有什么讲究

明湖烤鸭色泽红艳，肉质细嫩，味道醇厚，肥而不腻。朱元璋时期就有了烤鸭这道菜，后来，济南人改良后配以大明湖荷叶，起名为明湖烤鸭，一直流传至今。

明湖烤鸭色泽略黄，柔软淡香，散发着淡淡的荷叶清香，夹卷其他荤素食物用，是宴席常用面点，更是家常风味小吃。传说明太祖朱元璋"日食烤鸭一只"。宫廷里的御厨们想方设法研制鸭的新吃法来讨好皇帝，于是研制出了叉烧烤鸭和焖炉烤鸭。在嘉靖年间，烤鸭从宫廷传到了民间，老"便宜坊"烤鸭店就是在这个时候开业的。

鸭子较肥，非常油腻，因此产生了多种吃法。其中一种吃法是卷在荷叶饼里或夹在空心芝麻烧饼里，并根据个人的爱好加上适当的佐料，如葱段、甜面酱、蒜泥等。荷叶饼又叫白薄饼、面薄饼、卷饼，有大小之分。大者直径可超过 25 厘米，

明湖烤鸭

小者只有巴掌大，是济南人民喜欢吃的传统风味小吃。喜食甜味的，可以加白糖，还可根据季节的不同，加入黄瓜条和青萝卜条，以清口解腻。片过的鸭骨架加白菜或冬瓜熬汤，别具风味。烤后的凉鸭，连骨剁成块，再浇全味汁，亦可做凉菜上席。

烤鸭宜选合适的季节，季节不好则影响口味。冬、春、秋三季烤鸭味道最好。原因是冬春二季鸭肥肉嫩；秋天天气凉爽，温度和湿度都适宜制作烤鸭，此时的鸭子也比较肥壮。烤鸭烤制成后，要在鸭脯凹塌前片下装盘供食。此时的鸭肉吃在嘴里酥香味美。片鸭的方法也有讲究：一是趁热先片下鸭皮吃，酥脆香美；然后再片鸭肉吃。二是片片有皮带肉，薄而不碎。鸭肉片大小均匀如丁香叶，口感则酥香鲜嫩，独具风味。

地方不同，做出来的美食也大不一样。即使是相同的烤鸭，明湖烤鸭具有独特的香味，品尝过后才不枉济南一游。

济南的特产

龙山黑陶与胖和尚有哪些传奇故事

龙山黑陶

黑陶距今已有4000多年的历史了。1928年首次发现于山东章丘龙山，称之为"龙山文化"。龙山黑陶具有黑如漆、明如镜、硬如瓷、声如磬四大特色，被称为"原始文化的瑰宝"。

所以，黑陶在济南这片土地上有很多传奇的故事也就不足为奇了。

据说，清朝末年，青州府日照县县城有一个黑陶店铺，叫龙吟斋，店主姓孙，是黑陶世家。那时的掌柜叫孙文武，黑陶手艺传到他的手里，已经有300年历史了，所以他家有许多历代祖宗留下来的绝品黑陶，价值连城，不过孙文武从来不舍得卖掉一件。

有一天，孙文武的黑陶店铺里来了一个金发碧眼的洋人。洋人径自走到柜台前，用流利的中文对孙文武说："你就是孙文武先生吧？"孙文武点了点头，洋人递上一张名片，写着"万国商行总经理阿尔特"。

阿尔特来到青州之后，听说孙文武手中有不少传世的黑陶极品，就想买上几件。孙文武明白洋人的来意后，连连摇头。阿尔特威胁道："孙先生，你不要敬酒不吃吃罚酒。"孙文武倔强地拍了下桌子说道："我这人敬酒罚酒通通不吃，看你能把我怎么着？！"阿尔特气呼呼地走了。

过了几天，黑陶店里忽然闯进了几个衙役，带头的衙役喊道："谁叫孙文武，出来！"孙文武忙出了柜台，应道："我就是，官爷找我什么事？"带头的说："有人举报你和乱党勾结，府太爷叫我们捉拿你归案。"说完，不由孙文武辩解，就给他戴上了镣铐。衙役们推搡着孙文武到了府衙。知府早早坐在大堂上等着，身边还坐着那个洋人阿尔特，孙文武立马明白了事情的原委。

知府一拍惊堂木，开始审问孙文武为什么要和乱党勾结。孙文武自然不会承认，知府就要动刑。这时，阿尔特起身上前，跟知府耳语了几句，知府点了点头，然后吩咐衙役先把孙文武押下去。孙文武在牢中待了十几天，知府也没有再审他的意思，而且不许他的家人探视。孙文武不知道家里、店里怎么样了，心急如焚。

这天，他正在牢里急得转圈，忽然，牢门开了，一个牢头走进来说："收拾一下东西，你可以回家了。"孙文武疑惑地回到家，却看见家人畏缩着避开他的眼睛。孙文武忽然明白了，喝问道："你们是不是拿我的黑陶给了洋鬼子？"他的儿子小声说："他们说，要是不把黑陶交出去，就会判您勾结乱党的罪名，砍您的头。我们也没有办法，所以就……"孙文武看着可怜巴巴的家人，长叹一声，好像苍老了几十岁。

阿尔特为了得到那些黑陶精品，贿赂了青州知府不少银两。为了将这些钱捞回来，也为了气气孙文武，他特意举办了一个黑陶展览会，展厅故意设在孙文武黑陶店的对面。这一下可把孙文武气得差点儿吐血。

一天，一个胖和尚上门化缘，孙文武的儿子正心情不佳，就挥手让那和尚快走。胖和尚说："施主，贫僧只是化斋饭一碗，你不给就算了，何必生那么大的气？"孙文武在屋内一听这话，就忙把和尚请进屋内，看座奉茶，然后命家人做素斋上来。胖和尚说："贫僧不爱吃斋，却爱喝酒吃肉。"孙文武就叫家人照和尚的话去做。酒足饭饱，胖和尚站起身活动了一下身体，然后说："我看施主愁容满面，定有烦心之事，可否告诉贫僧？"

孙文武长叹一声，就把黑陶被洋人夺走一事告诉了胖和尚。和尚听完，说："施主定是心疼那黑陶值不少银子喽？"孙文武说："我并不是个爱财之人，否则我随便卖上几件这一辈子就衣食不愁了。我只是不想让祖宗之物流落到异邦。"和尚说："可是那些东西已经到了洋人手中，施主准备怎么办？"孙文武说："我现在真想进去把那些黑陶砸个稀巴烂，可是他们里外都有兵丁守护，就是我进去了，也无计可施。"胖和尚沉吟片刻，说："施主如果想让那些黑陶完璧归赵，我没有那个能力，但是既然施主抱着宁可玉碎、不能瓦全的念头，贫僧倒是可以帮你。"

第二天，黑陶展览会刚一开始，那个胖和尚就来到了门前。守门兵丁忙拉住他，说："这里是黑陶展览会馆，你去别的地方化缘吧。"胖和尚说："你不要狗眼看人低，贫僧就是来看展览的。"说完，胖和尚掏出钱买了一张票，走进了会场。会场里只有阿尔特和几个手下在那里。胖和尚看着展厅内那些黑陶，先是赞叹一番，接着对阿尔特说："这些好东西要是让你们这些洋鬼子带走，岂不是要让老祖宗骂我们？"阿尔特听见话茬儿不对，正想命人将和尚赶出去，胖和尚忽然嘴巴紧闭，脸憋得通红。

阿尔特不知他要做什么，却见胖和尚将嘴巴一张，从喉咙里发出很低沉的一声吼叫，只见屋梁上的土纷纷掉了下来，屋内顿时迷茫一片，窗户上的玻璃也纷纷碎了……阿尔特还有屋里的其他人只觉得脑袋像被人重击了一下，顿时晕厥过去。外边的人听见动静，进来看出了什么事，却看见阿尔特等人倒在地上，不省人事。再看那些黑陶，早已化成黑黑白白的一堆齑粉，胖和尚已不见了踪影。

木鱼石和乾隆有什么关系

木鱼石是中国有名的矿产，据考证，形成于距今约 5.5 亿年 ~5.8 亿年，是一种珍贵的玉石石材。木鱼石的产地仅限于泰山山脉西侧、曼寿山一带，因储量有限，极其珍贵。它的颜色、纹路、击打声酷似和尚通经敲打的木鱼，故称木鱼石。据说，木鱼石和乾隆帝还有一些渊源，到底是怎么回事呢？

民间流传，雍正皇帝年事渐高，总是发愁他的皇位继承问题。后来他想出了一个办法，就把皇子们召集在一起，说："你们去给朕寻找一种会唱歌的石头，谁找到了我就把皇位传给谁！"皇子们觉得奇怪，世界上哪有会唱歌的石头啊！于是有的根本就不去找，有的找了几天没有什么收获就没坚持下去；只有一位找到了，他就是后来的乾隆皇帝。

木鱼石茶具

乾隆皇帝是怎么找到的呢？听说也是偶然间发现的。众所周知，乾隆皇帝喜欢下江南，其中一个经常去的地方就是山东。因为泰山是五岳之首，乾隆找不到木鱼石，想借泰山之神的保佑来帮他完成这个心愿。那时候的乾隆皇帝还没有登基，是微服私访，既没带兵，也没带钱。有一次，他又饿又累，路过泰山脚下一个叫馒头村的地方借宿了一晚。

村里的老人们热情地接待了乾隆，他发现了馒头村一个奇怪的现象，就是这个村里的老人，尤其是60岁以上的老人特别多！这在当时可是一件非常了不得的事，60叫满寿，寿命已经满，就等阎王来勾了啊。但是为什么这个村子的老人都很长寿，而且精气神十足？

看到这个情况，乾隆顿时好奇心大长。他叫来里长，说明身份，问道："这个村里一共有多少户人家啊？"里长一听是皇子，忙着磕头，说："我们这个村一共有140来户。"乾隆又问道："大概有多少个满寿老人啊？"里长说大概有60多个！乾隆想了想，于是对里长说，这样吧，你给我准备一下，三天后给我摆一桌子满寿宴，但是你别担心，这个钱我来出。

三天后的满寿宴，村里的满寿老人都来吃席，乾隆一个一个地问："老人家，你平时都吃什么？用什么？有什么生活习惯？"嘿，乾隆是想探索长寿之道啊。可是奇怪，村里老人的生活习惯和普通的老人没什么区别。

那是怎么回事呢？哎！乾隆眼比较尖，发现村里很多老人都拿着一个紫檀木颜色的茶杯或者茶壶。乾隆好奇地拿来一个看，居然不是木头的，很重。再仔细看看，就更奇怪了，为什么呢？它重重的，一看就是石头；说是石头吧，里面的纹路居然和木头的年轮一样。乾隆好奇地拿起来敲了敲，居然发出了叮叮咚咚的声音，很是悦耳。

乾隆皇帝灵机一动，难道这就是那种会唱歌的石头？于是乾隆叫来里长，问这是什么东西？里长回说：这个在我们村都是拿来做茶杯的，叫作木鱼石，因为敲起来很像木鱼的声音。

乾隆高兴得一拍大腿，看来是这个东西没错！于是，就和里长要了一把最好的茶壶回去，顺利完成了他的任务。乾隆回去拿这壶泡茶喝，品尝后发现居然又香又甜，就下令将这儿的木鱼石作为贡品，后来，木鱼石就并不是寻常百姓可以享受的东西了。乾隆也活到80多岁，是中国历史上为数不多的高寿皇帝。

"金泉水山"与平阴玫瑰有什么渊源

据说，很久很久以前，平阴有座山峰，峰顶有一股清泉，人们把这清泉叫作"金泉"，把这座山叫作"水山"。那你知道"金泉水山"与平阴玫瑰有什么渊源吗？

水山脚下有个村庄，庄里有一对男女。男的叫刘郎，父母早年去世，只给他留下一把柴刀和一条扁担。女的叫翠屏，父母去世时只留给她一把采药铲和一只背药篓。刘郎靠打柴为生，翠屏靠采药为生，两人常常一起去山里担柴背药。共同的命运和生活，使两人互敬互爱，日久生情。不久，两人暗暗定下了终身。

平阴玫瑰

一天，刘郎在东山砍柴，翠屏去西山采药。刘郎砍了一阵柴后感觉有些困，就靠着柴捆睡着了。睡梦中，他隐隐地闻到一阵花香，便循着花香寻去。走着走着，只见面前出现了一个月牙洞门，写着"水山御苑"四个大字。刘郎心想：我从小就在这水山砍柴，跑遍了山上七洞八梁、二十四坡，却不知还有这么个去处，不妨进去瞧瞧有什么景致。推门一看，啊！竟是满园盛开的花草，迎面吹来的风都是喷香的。

刘郎哪里知道，这是王母娘娘的一处凡间花园。每年5月百花盛开，王母娘娘就带着众仙女来游玩赏花。刘郎一边观赏，一边称赞，不知不觉走到花园中间，看到有个水晶石砌成的花坛，花坛正中的那棵花树尤其惹人喜爱。那红扑扑、粉茸茸的花团，多像翠屏妹妹那张笑脸啊，可惜这么好看的花只开了这么一朵。刘郎把这朵花看了又看，猛然想起，这不是玫瑰吗？水山上漫山遍野都是玫瑰枝，可是从来不开花的呀，这里的玫瑰怎么能开花了呢？

我要是能把这朵玫瑰花采回去，戴在翠屏妹妹的头上，保准好看，她一定会高兴的。刘郎摘下花朵，刚想转身离去，只见两个穿戴盔甲、手执长矛的天兵拦住他的去路大喝一声："大胆凡夫，竟敢在此采摘仙花。"不由分说，就把刘郎结结实实地捆了起来。

从西山采药回来的翠屏不见了刘郎，就一路喊着"刘郎"，向山顶寻去。忽然从前面绝壁崖上传来刘郎的声音："翠屏妹，我在这里。"翠屏抬头一看，只见刘郎双手被捆，站在绝壁崖上，身后站着两个竖眉横眼的天兵。

翠屏朝刘郎哭喊着奔了过去，天兵大声呵斥说："他私闯王母娘娘的御花园，竟敢摘了天下独此一朵的玫瑰花，犯下了滔天大罪，我奉命带他去做终生苦役。"翠屏一听，急得拼命哭喊起来："不能把他带走，还我的刘郎。"天兵一阵狂笑："你的刘郎，除非水山的玫瑰都开出花来，否则再也见不到了。"说完，手中的长矛往崖下一指，只听得轰一声雷响，闪过一道耀眼的火光，翠屏顿时昏倒在崖下。

不知道过了多久，翠屏慢慢苏醒过来，望着空荡荡的崖顶，叫了一声刘郎，又伤心地哭起来。翠屏为了让山上的玫瑰枝都开出花来，让心心念念的刘郎回到自己身边，每当满天星斗的时候，她就上山一担又一担地挑金泉水浇灌山岭上的玫瑰。直到月光洒满水山的时候，才迟迟归来。山路上的石头磨烂了她的双脚，满坡的荆棘划破了她的衣衫，她都默默坚持着。那亮晶晶的汗珠、鲜红的血，滴遍了层层山岭、道道石堰。就这样日复一日、年复一年地浇啊浇，一直浇到了第十个春天。

这天翠屏又要到山上去浇水，开门一看，啊！只见漫山遍野都开满了鲜艳的花朵，像一串串红玛瑙，像一团团火。玫瑰花开了！翠屏惊喜万分，急忙采了一束玫瑰花，一边喊着："刘郎哥，玫瑰开花了，你看见了吗？"一边向东山岭的绝壁崖跑去。刚跑到绝壁崖前，就听轰的一声雷响，紧接着闪过一道耀眼的光芒，闪光中从崖上飘下一个人影。翠屏定睛一看，正是朝思暮想的刘郎回来了。

从此以后，水山的玫瑰每年春天都会开出鲜艳的花朵。后来，人们为了记住这对为玫瑰花开付出艰辛劳动的青年，就把水山叫作翠屏山，把山上的金泉叫作刘郎泉。还为他俩在绝壁崖上修了一座宝塔。据说，刘郎和翠屏死后都成了天上的花神，掌管人间的千草百花。每年玫瑰花开的时候，夫妇俩都要回来观赏。

济南剪纸的民间传说是什么

汉朝时，刚刚发明造纸不久。有一位落魄书生，虽然才华横溢，但是无人赏识，而且手脚比较笨。妻子体弱多病，只能靠着有时帮人缝缝补补赚些小钱，所以家中十分拮据。在接近年关的时候，眼看家里的米只剩下一点点了，书生很着急，于是到一些大户人家央求，是否需要写春联家书，可是那些大户人家对此都不感兴趣。

书生只好饿着肚子，沮丧地往家里走。快到家门口的时候，书生发现一位老太太倒在地上。老人家穿得破烂，左手拄着一个棍子，右手拿着一只破碗。书生看到这里心生怜悯，赶忙把老人家扶起，搀着她走到屋内。书生向妻子告知原委，儿子看见老婆婆这样可怜就主动去烧水，妻

剪 纸

子也强撑着多病的身体，把家里仅剩下的一点米拿出来，熬了一大碗稀粥。这时老人家慢慢苏醒过来，书生赶紧把稀粥吹到不烫嘴的温度，慢慢地让老人喝下。当时天色已晚，老人家看看周围好像明白过来，问："是你们救了我？你们也一起吃饭吧！"妻子说："我们不饿，老人家您先吃吧！""唉！那我就先吃了！"老人家说。

书生心里为晚饭发愁，但又不便说什么，于是，索性拿出笔来在一张捡来的纸上写下一个"福"字。喝完这碗稀粥，老人的身体似乎恢复了很多。于是，站起身来四处打量这间屋子，一看穷得可怜，几乎什么都没有。看了看妻子，说："你身体不舒服吧？"妻子说："每年到冬天都是这样，身体总是不舒服。"老人从怀里摸出一种像草药一样的东西，说："烧点水，把它放在里面，熬水喝了之后，你的病就会好了。"老人又回头看看书生写的"福"字，拿起来似乎要看得真切，可哪知道，三下五下给撕了！

书生当时就急了："这张纸我好不容易捡到了，我们一家救了您，要过年了，我们家想贴个福字，以求明年的好运，可您为何要把它撕掉呢？"老人家不紧不慢地说："把我撕的'福'字展开来看看是什么样子？"儿子好奇地跑过来慢慢地把它展开，"呀，是我们从来没有见过的，一个福字被一条大鱼围着，而且经过这番'撕'之后，福字更有立体感了！"儿子乐得小嘴都合不上了，把这张纸抱在胸前让他妈妈看，还说这样好不好看！

老人家不等书生说什么，又从怀里掏出一些钱来说："我看得出，你们能把最后一碗饭给我这个素不相识的人，就说明你们一家是一个德善之家。你们所遭受的一切，其实也算是劫数吧！现在也应该算过去了。我这里有一点钱，你们拿去买点米，让你的妻子和孩子过一个好年，你的妻子从此以后也不会得病，你的孩子以后也会有很好的前程，而且我一会儿告诉你的妻子，怎样才能把一般的字变成这种东西，你把这种'纸'拿到集市和那些富贵人家那里，肯定会卖一个好价钱！"说着就把怎样做好这门手艺的办法告诉了妻子。

此时书生一家才明白今日遇到了神仙，于是一家人跪在地上，连连叩头说，敢问是哪位神仙？老人家似乎有些意外，连连说："我嘛，算不上什么神仙，我只是受一位神仙之托，来到人间，察访看看这人世间有无德善之人，然后把这种技能传给他。来的时候，那位神仙叮嘱我，要我找到你，试试看你行不行。行，就传给你这种技能，不行我们只好另找别人。"

阿胶与哪些历史名人有关

东阿阿胶

传说很久以前，山东流行出血而死的怪病，而且村民们试了很多办法也不能治好。当时有一个叫阿姣的姑娘为了治好此顽疾四处寻医找药。一天，阿姣在泰山遇到一位白发药翁，叮嘱她："要想治愈出血而死的怪病，必须找到吃狮耳山的草、喝狼溪河水长大的毛驴的皮，才能治好此病。"阿姣姑娘听后特别高兴，家乡确实有这样的驴，但是这头驴是恶霸王员外放养的。阿姣再三请求王员外普济众人，王员外表面上答应了阿姣，但提出必须由阿姣一人处死此驴才可以。

阿姣知道这头驴十分灵活，它奔跑起来速度很快，穿越山涧就像如履平地；力大无穷能战胜烈马和骡子，自己一个脆弱女子如何能够制服它呢？但一想到乡亲们被病折磨和惨死的情景，阿姣勇气顿生，便马上答应下来。乡亲们知道恶霸是想用奸计让阿姣知难而退，就含泪劝阿姣不要上当。但阿姣毫不动摇，经过奋战，终于胜利了。可是，员外大怒而暗害了阿姣。为了纪念阿姣之恩德，人们将驴皮熬成胶，称为"阿胶"。阿胶与人参、鹿茸齐名，且并称养生中药三宝。

阿胶还有一个故事和慈禧咸丰有关。据说，阿胶曾治好了慈禧太后久治不愈的血病，慈禧太后特赐这种阿胶以"福"字，所以"福字牌"阿胶由此得名并且深受皇室喜爱。不仅如此，咸丰晚年无子，懿妃好不容易怀了龙胎却患有血症，太医试了好多方法都不见起色。当时户部侍郎陈宗妫是山东吴城阿胶镇的人，推荐懿妃喝阿胶。没想到阿胶不仅治好了懿妃的血症，也保住了龙胎，咸丰十分高兴。这个足月而生的男孩就是清朝第九代皇帝同治（载淳）。这也是"福字牌"阿胶闻名于世的原因之一。

史料还记载，东阿镇一度达到"妇幼皆通煎胶"的场景，民间都说东阿镇的阿井中钙、钾、镁、钠矿物质含量丰富，每担阿井水比普通水约重3市斤，所以熬出来的阿胶功效最好。规模大的作坊有咸丰皇帝的亲笔赐名，为报浩荡皇恩业主苦心研制，总结出一套熬胶绝技，专供皇室服用。咸丰皇帝和慈禧太后先后赐朝服黄马褂、手折子，同治十年指派四品钦差监制"九天贡胶"。

你知道"泉城二怪"吗

在泉城济南一直流传着"二怪"。一怪是茶汤，名字叫茶却不是茶；另一怪是甜沫，名字叫甜沫却不是甜的。外地的游客，一定会对茶汤和甜沫有着不同的偏好，虽然同样是以小米做基底冲熟的美食，但是茶汤是甜的，甜沫却是咸的。

茶汤

茶汤作为泉城二怪之一，流传于明朝初年朱棣迁都北京之后。朱棣设光禄寺为礼仪祭拜之地。为了祈福江山社稷，在光禄寺举行祭拜天地之礼的时候，专门派御厨研制了一种以小米为基底的粥。小米冲熟后再撒上芝麻，味道醇和，香气四溢，营养丰富，命名为茶汤。在祭祀拜天之时，赐文武百官各一碗，敬畏上天。

到了明末嘉庆年间，在与牛泉镇相隔仅十余里的高庄董家林村，出现了一位膳食大家董空壶。他时任济南德王府腆膳官，专门负责王府膳食，对传统营养膳食有着深厚的研究。董空壶有一个故交，姓秦，因两家相隔不远，董空壶回家乡探亲期间，两家必相互拜访，交流膳食和养生心得，互有启发。即便是在董空壶去世之后，秦、董两家依然来往密

济南的美食与特产

切，甚至多有联姻。当时虽然律法严厉，但因两家交情莫逆，董家将许多王府膳食秘方传到秦府，其中即有茶汤的制作方法。茶汤在传入秦府后，很快就成为秦家日常必需膳食，早、晚必备。秦府上下本就注重膳食养生，再加上爱吃茶汤，长寿者很多。

到了民国期间，战乱频繁，秦家第七代传人秦会川为避免茶汤这一传统膳食湮没于战火，开始将茶汤的制作工艺传授给牛泉镇信得过的老邻居，并由牛泉镇开始向周边流传。渐渐地，越来越多的人家学会了制作茶汤，在济南也逐渐形成了逢年过节做茶汤的传统。

说起另外一个泉城二怪"甜沫"，也是济南人离不开忘不了的味道。据记载，明末清初战乱连年，大批难民纷纷拥入济南，有一家田姓小粥铺，经常舍粥赈济，灾民互相传告，来粥铺喝粥救命的人越来越多。

粥铺一时间难以满足众多灾民每人都喝到足量的粥，想来想去，只好在粥内加入大量的菜叶和咸辣调料。灾民每当端碗盛粥前，见煮粥的大锅内泛着白沫，便亲切地称之为"田沫"。当时有一个外地来济南赶考的落难书生，也来此求得此粥，喝后心里十分温暖，心想"甜沫"果然名不虚传。

后来书生考取功名做了官后，又专程来济南再喝甜沫时，已无昔日感觉，问粥铺老板这是为什么，老板说当地人把这种粥叫"田沫"，就是田姓之粥的意思。官员恍然大悟，原来是当初只听音而未辨字迹闹的错误，于是题写"甜沫"匾额，并吟诗一首："错把田沫作甜沫，只因当初历颠连；阅尽人世沧桑味，苦辣之后总是甜。"从此这种带咸味的粥便叫"甜沫"了。

有多少人知道发丝绣和它的处境

鲁绣是历史文献中记载最早的绣种，属中国"八大名绣"之一。鲁绣工艺在春秋时期的齐鲁已经十分成熟，史称"齐纨"或是"鲁缟"，到了秦朝而兴盛，至汉朝已相当普及。不仅如此，汉朝还出现了专门为绣业而设置的"服官"，可见当时绣业的昌盛和重要程度。

鲁绣中最让人拍案叫绝的就是发丝绣，它是在鲁绣发展到一定时期产生的一个品种，被称为"鲁绣中的极品"，至今已有千余年历史，也是济南特有的一门技艺。古人珍惜头发如生命，"肌肤毛发，受之父母，不敢损伤"就是最好的佐证。女子与情人相爱时，常以一缕青丝相赠，表示忠贞不渝。

发丝绣

作为艺术贡品，最早的发丝绣作品是南宋的《东方朔像》，现藏于英国伦敦博物馆，这幅作品长一市尺，宽八寸。"这不是画吗？怎么会是绣品？"初见发丝绣，不少人都会发出这样的疑问。然而，这种看起来跟传统国画一样的作品确实是绣品。人们常说"细如发丝"，然而，对于发丝绣而言，并非"细如发丝"，而是"就是发丝"。

制作发丝绣，最重要的两个材料就是头发和丝线。头发要通过特殊的工艺染成不同的颜色，而丝线则要劈成 32 股才能使用。如此一针一针绣制而成，纹理几乎很难被肉眼捕捉，这也使得发丝绣的气质像传统国画一样淡雅。

徐秀玲大师作为鲁绣传人，提起鲁绣今后的发展并不是太乐观。发丝绣这门工艺需要极大的耐心和恒心，艺术感和技艺的传承都不是一朝一夕就可以练就，再加上从业人员越来越少，发丝绣虽然精美绝伦，却难以传承。

面对未来鲁绣的发展，徐秀玲表示希望能够多加宣传，让更多的人知道鲁绣，使更多的年轻人能够喜欢。为了能够使鲁绣得到传承，现在徐秀玲自己也带徒弟，"我带徒弟不收钱，头一两年还管吃住"。对于授徒，徐秀玲除了亲自指导以外，也会带他们参加一些展览，徐秀玲表示："我不知道他们有多少人能够坚持学下来，影响他们学习的客观因素太多了，但我会尽我最大的努力来做这件事，使鲁绣得到进一步的传承。"

济南蛋雕的特点有哪些

蛋 雕

吃剩下的蛋壳可以做什么？在普通人眼里可能什么都做不了，但一位蛋雕师的巧手，却能化腐朽为神奇，他能在小小蛋壳上，雕刻山水、花鸟、人物，将窗外的整个大千世界，尽现于眼前的方寸之间。

在欧洲国家，基督教传入欧洲之后，大约在中世纪时代，就开始有人用彩绘装饰蛋壳，取其具有"新生""重生"之意义。

远在明清时期，彩蛋就传入了中国。起初，民间在喜庆婚娶、祝福庆寿、喜得贵子时，为图吉祥如意，就有了赠送红鸡蛋的习俗。当时在济南一带更是流行此风，而且用量也相当可观。于是就有一部分人摆摊设铺，专门卖染过红色的鸡蛋，称其为"彩蛋"。后来，商贩们又在彩蛋上画些花鸟、鱼虫、脸谱等图案，以图生意兴隆。这就是中国最早的蛋雕的由来。

蛋雕工艺品有多种，一种是用雕刀在表面颜色较深的鸡蛋壳上雕刻人物、山水、花鸟等图案，图案成形后，其效果类似美术中的素描或线条勾勒；另一种是选用质地较厚的鹅蛋、鸵鸟蛋等禽蛋作为材料，以浅浮雕或镂空的手法进行雕刻。由于雕刻技艺的烦琐和作品的不易保存，使蛋雕具有独特的艺术价值。

经过多年演变，彩蛋工艺逐步提高，人们将鸡蛋钻孔掏空，在蛋壳表面雕刻精美图案。蛋雕的整个过程是刀刀险招，要胆大、心细，一个蛋壳的平均厚度只有0.2毫米，掌握不好力度，手劲大了，蛋壳容易破，手劲小了，层次感又出不来。如今蛋雕不仅是一种美轮美奂的艺术形式，更是济南最独特的文化形式，也是馈赠亲朋好友的不二选择。

面塑大师李俊兴有哪些经历

面塑，作为中国特有的民间传统手工艺术，作品大多取材于神话传说、民间故事和历史典故。众所周知，旧社会兵匪和灾荒不断，艺人们社会地位不高，为了养家糊口，往往身背面箱，走街串户，流落在街头巷尾。后来，许多面塑艺人走遍大江南北，融入当地市井文化，创作出惟妙惟肖的面塑，才将面塑艺术带到祖国及世界各地。

李俊兴

济南作为山东的政治、经济、文化中心，自古以来，各地面塑艺人，大都在济南经过或停留，有许多艺人在济南定居传艺，从而使济南这块文化底蕴深厚的宝地成了山东面塑的发展中心。近百年来，涌现出许多著名匠师，大师李俊兴就是其中之一。尽管他只字不识，却靠一双巧手，整整在面塑这门民间艺术中耕耘了73年，多次远渡重洋，传播中华文化。

李俊兴兄弟5人，他排行老四，上边有俊河、俊岳、俊山三位哥哥，下边有弟弟老五俊福。他9岁开始学艺，跟着哥哥们靠卖艺为生，他并不清楚以后要干什么。一开始随大哥李俊河学艺打基础，先后住在秋柳园、大戏院周边，中间为了方便，也常住丁家崖、馆驿街。后来，随大哥来到省城济南，住在大明湖东北角秋柳园一带，方便在大明湖附近卖面人。年轻的李俊兴为生计很少在家，大部分时间在"根据地"济南走街串巷，后来还去了国外。

1926年，李俊兴带领本村十多人从厦门到香港，从香港漂洋过海到东南亚多国献艺。1931年，随一杂技团赴苏联，以面塑现场表演，创作塑造了许多芭蕾舞蹈造型，轰动莫斯科剧院。1949年回乡，菏泽县政府特许他在迁城内创办面塑社。

此时，兄弟二人的面塑以神形兼备、色彩协调、线条细腻而驰名中外，成为面塑高手的李俊兴以风流仕女见长，因排行为四，送艺号"四女人"，俊福则以武侠人物见长，兄弟被誉为"文武二李"。

1957年，李俊兴从老家菏泽组织了一些惯走江湖跑码头的面塑艺人，一起在济南西门月城街（原济南西门十字路口东南角）成立了"济南面塑生产合作社"，李俊兴被任命为主任。同年，李俊兴在北京出席了全国工艺美术界老艺人代表大会，次年出席广州交易会，当场表演面塑技艺，受到到会外国友人及与会人员的高度赞扬，轰动一时。后来，又吸收了中国佛教寺院的浮雕形式和西洋雕塑的浮雕透视法，首创面塑新品种——浮雕面塑，将面塑艺术又推上一座难以企及的高峰。

羽毛画是怎么流传发展起来的

根据历史记载，我国饲养鹅、鸭等家禽已有2000多年历史。在明清时期，山东微山湖和苏皖交界的洪泽湖一带的渔民，利用野鸭毛绒填充袜套、鞋帮、鞋垫，作为御寒用品。人们把这些零星分散在千家万户弃之为废品的资源，收纳起来视为珍宝，应用在很多地方。

羽毛画

羽毛画的历史更为悠久，早在春秋战国时期，劳动人民就创作出拼贴羽毛装饰画。羽毛画选取的羽毛，对色彩的缤纷程度和轻飘柔软都有要求，然后再进行粘贴、剪裁、染色等工序，将自然界的美丽再现于艺术殿堂，取得了以假乱真的效果。

羽毛画最初仅仅用来制作一些小件如书签、贺年卡之类，工艺上也只采取平贴办法。投入市场后，竟意想不到受到了大家极大的欢迎。随后，工匠们便组织部分画家和制作工人，互相结合制作大幅的挂画、屏风、座屏等作品，工艺品种也从单一的平贴发展到浮雕贴画、贴绘并举等。作品《虎啸》《孔雀开屏》《百鸟朝凤》等，都是以石膏纸浆先塑出虎和孔雀的浮雕，然后施加羽毛贴布色彩，背景再施以水粉画或水墨画画成的山水、丛林、花木，使画面凹凸有致，层次分明，取得了美轮美奂的艺术效果。

济南工艺美术总厂生产的羽毛画，题材广泛，品种达千种以上，其制品形象逼真，生动活泼，富有质感。《虎啸》是浮雕羽毛画的代表作，以虎为题材浮雕粘贴出的老虎，各具情态，形神兼备，气韵生动，具有很高的艺术价值。曾多次参加全国工艺美术作品展览，被誉为"泉城老虎"，产品远销美国、日本等30多个国家。

这项中国独创的传统工艺，内容包括山水、人物、花卉、禽鸟、走兽、虫鱼等形象，别具情趣，格调清新，颇受人们的青睐。

近年来，随着旅游业的发展，羽毛画小件更受人们的欢迎，尤其是在圆形外框中的挂件，配以带凸面的玻璃，构图新颖，色彩绚丽，内容广泛，成为畅销的旅游工艺品。

济南的名人故居与民间趣闻

济南素有"天下泉城"的美誉，也是个文化底蕴很深厚的城市。在这里可以感受到老舍笔下冬天的"温情"，可以看到"四面荷花三面柳，一城山色半城湖"的美景，更可听到"大明湖畔夏雨荷"的缠绵悱恻的民间故事。

济南作为一座历史名城，有许多文化名人在济南出生、生活。"海右此亭古，济南名士多"是这座城市人文历史的真实写照。李清照故居、辛弃疾故居、陈冕状元府静立城中，诉说着往昔。这些故居的主人在济南，或建功立业，或编写文章，完成了自己一生的事业。让我们放慢脚步，走入老济南的街巷，一起探寻名人的故事！

济南的名人故居

"曲水书巢"是哪位名人的故居

穿过最窄的翔凤巷，来到王府池子，不远处便是曲水亭街，位于曲水亭街8号有一个非常醒目的牌匾——曲水书巢。这就是我国蒲学研究的拓荒者路大荒的故居。

路大荒故居

路大荒，原名路鸿藻，曾用名路爱范，字笠生，号大荒，别号大荒山人、大荒堂主人。他是杰出的聊斋学研究先驱，是版本目录学专家，古籍、书画、古玩鉴定专家和书画家，是中国收集占有蒲松龄手稿最多的一位学者，在众多学术领域具有很高的造诣。曾为省立图书馆馆长的路大荒先生第一个编辑了《聊斋全集》，为后世保存下了弥足珍贵的蒲松龄手稿。抗战爆发以后，大荒先生舍命保护蒲松龄手稿的义举让后人肃然起敬。

路大荒在济南有两处故居，其一位于济南大明湖畔秋柳园街25号，2006年5月被拆。另一处即坐落在曲水河畔的这处四合院，1951年由路大荒先生的大女婿买下，而"曲水书巢"是其好友画家黄宾虹为他题名的，路大荒在这里读书著述，度过了他后半生的30余年，耗尽毕生精力整理了《聊斋全集》和《蒲柳泉先生年谱》。遗憾的是，而今这座故居的主体已经被改造成为一家商户。

鞠思敏的故居是募捐来的吗

鞠思敏是山东荣成人，名承颖，字思敏，现代爱国教育家。早年加入同盟会，后投身教育事业，曾任山东省高等师范学校校长。五四期间，他发起创办"尚学会"，借此传播新思想、新文化。鞠思敏的教育思想和办学实践，对山东教育的发展影响巨大，被称为"山东的蔡元培"。

鞠思敏的故居位于济南市县东巷105号。由105号门楼走进去，一条甬道连接着院落与大门，甬道长近10米，宽3米许，地面由石板铺就，南侧是由大石堆叠而成的高大院墙，院墙以方砖为底，主体为红色砖块，顶端围有金属尖锐防护栏。行至甬道尽头，可见一道圆顶拱门，拱门与院内建筑色泽一致，由灰砖垒成，与

鞠思敏故居

甬道新修红砖院墙形成鲜明对比，不知是否属于旧日遗迹。拱门之内是座古朴的四合院，正北面的大屋高大典雅，整体以石砖为基，以木为梁、脊，灰方砖为主体堆砌而成，正上方屋檐由两根长木柱支撑，顶部瓦片铺设齐整。院中东西方向两座外涂水泥的低矮简易房霸占了院落的绝大部分面积，使得整个院子有些拥挤。

据老街坊介绍，鞠思敏生前把大部分收入都捐献给了办学事业，九一八事变后，他因支持学生抗日活动被当局撤职。鞠思敏克己奉公，素无积蓄，被撤职后生活日渐困窘，他的学生发起"正谊校友自动乐捐委员会"，募捐为其修建住所，这座故居就是当时修建的。

老舍的故居是什么样子的

老舍原名舒庆春，北京满族正红旗人。是中国现代小说家、语言大师、新中国第一位获得"人民艺术家"称号的作家。

1931年至1934年，老舍受聘于齐鲁大学，位于历下区南新街48号的一间小房子正是老舍先生一家人在济南的住所。据老舍夫人胡絜青回忆：南新街位于齐鲁大学的北边，是一条有个折弯的南北胡同。院子不大，大门坐东向西，二门内的西、北、东三面有房。紧靠大门洞的门房由老田夫妇居住，西屋两间是大家吃饭的地方，东屋是厨房，厕所在东南角的角落里，老舍夫妇住北房。北房说是三间，实为三间半，西山墙后边还连着一个小暗间，堆放杂物。北房的东边一间半加了隔断，作为卧室，西边一间半，是老舍会客和写作的地方。往北不远就是闻名全国的趵突泉，往南不到十分钟就是齐鲁大学。整个院子不是很大，但种满了花草和盆养的畦栽，还有一棵不算小的紫丁香和一大缸荷花。院子里有一眼水井，一早一晚，老舍自己打水浇花，施肥，捉虫，所以，花儿开得很旺盛。每年开春以后，小院里花香不断，五彩缤纷，吸引着不少朋友观景赏花。老舍一生爱交朋友，只要有人来访，他都热情接待，客人走后他才拼了命似的做他自己的事情。在此居住期间，老舍先生进入

老舍纪念馆

创作的黄金时期，先后写出了《猫城记》《离婚》《牛天赐传》等长篇小说，以及《月牙儿》《黑白李》《断魂枪》等优秀短篇小说，同时，还写出了一批诸如《济南的冬天》《济南的秋天》《不是公园的公园》《济南药集》等咏赞济南的散文佳作。

2006年，老舍旧居被山东省人民政府公布为省级文物保护单位。直到2014年6月，故居被修缮为老舍纪念馆，样貌被恢复为20世纪30年代济南民居的建筑式样，整个北房和小院则被布置成老舍先生在此居住时的生活场景。修缮后的纪念馆以老舍先生在济南的生活创作为主题，分成"人民艺术家""老舍在济南的足迹""老舍笔下的济南"三大部分，以及复原部分老舍故居景观。

济南唯一的状元府是什么样子的

陈冕，字冠生，是清朝时期济南府唯一出的状元。咸丰九年（1859年）出生的他，天生聪颖，博闻强识，14岁中秀才，16岁中举人，中举之后，经选拔，当上了"国子监"的教官。24岁时中殿试第一名，成为清代第105位状元，也是中国历史上最年轻的状元之一，曾任翰林院编修，掌修国史。

陈冕状元府位于鞭指巷的北半段，早先的府宅是由两座宅院以及花园、旁院组成。两座宅院也就是如今鞭指巷的9号、11号。9号院是陈冕的祖父陈显彝任山东盐运使时所建，11号院则为后来扩建而成。每个宅院各有八个东西向且古朴典雅的四合院，大院套小院，院院相连，方正整齐，连同花园、旁院，整个府邸占地面积很大，也很有气势。陈冕当年的书房在北院西八院的北屋，屋前

陈冕状元府

悬挂着"小墨墨斋"的匾额。书房旁侧是南北向、三开间的二层阁楼，为藏书楼。

陈冕由于为官清廉，体恤百姓，多次捐家财赈灾，也被推举为中国历史上最有建树的八位状元之一。就在陈冕中状元的那年，山东黄河决口，暴发洪水，齐鲁部分地区灾民流离失所。陈冕的父亲陈恩寿带头捐银数万两，并亲临抗洪一线参与救灾，积劳成疾，操劳过度而去世。陈冕继承父亲遗志，再次捐款救灾，并乘船给灾民送医送药，帮助安置，赢得了灾民的一致赞誉。9年后，山西大旱，在济南为母亲守制的陈冕，为了筹集救灾资金，将状元府大部分房产变卖后，连同家中余财凑成黄金千两捐给山西灾民。而后，他又在济南街头摆摊写字募捐，募得黄金万两后再次送往山西。陈冕不仅赈灾，而且还乐于施教，在城东丁家庄修建了"陈冕大院"，兴办学堂，免费培养贫困儿童。光绪十九年（1893年），陈冕因赈灾劳累过度病逝，时年只有34岁。史书记载，他出殡时从济南西门到十里河状元墓的路上，挤满了为他送葬的百姓。

秦琼府宅真的在五龙潭下吗

秦琼，字叔宝，唐初著名大将，齐州历城（今山东济南市）人。秦琼是因勇武而威震一时的传奇人物，他曾追随唐高祖李渊父子为大唐王朝的建立南征北战，立下了汗马功劳，被列为"凌烟阁二十四功臣"之一。秦琼去世后被追封为徐州都督、胡国公，并陪葬昭陵。

传说秦琼随李世民南征北战，建立唐朝后，便在家乡济南建造了豪华的宅邸，名为国公府。一日晚上，雷电交加，风雨大作，轰然一声巨响，秦府下陷，从此，这里变成一片深不可测的潭水。后来有人潜入潭中，见水底有一处豪华府第，一条巨龙盘踞殿内，吓得他连忙退出。据说，那府第便是下陷的秦琼府，那潭便是今日的五龙潭。这一说法最早见于元代著名文学家张养浩的《复龙祥观施田记》。文中写道："闻故老言，此（指五龙潭）唐胡国公秦琼第遗址，一夕雷雨，溃而为渊。"后来，到了清乾隆年间，学者桂馥在他的《潭西精舍记》里说："历城西门外唐

秦琼府宅

翼国公（秦琼死后最初被封为翼国公）故宅，一夕化为渊，即五龙潭也。"

但传说毕竟只是传说，真假难辨。真实的情况是唐代之后历朝历代都会重修秦琼祠，祠堂的地点也逐渐固定在了五龙潭边。因此，目前的秦琼故居，其实是秦琼祠堂旧址。而由于秦琼的年代距今已上千年，秦琼真正居住过的地方，已经无从考证。

如今一进五龙潭公园的大门就能看到一块石碑"唐护国公秦琼叔宝故居"。秦琼祠整组建筑为唐代风格，是北方典型的四合院布局，有正殿、东廊、西亭廊及大门，大门外建有影壁与建筑呼应。秦琼祠采用传统的祠堂装饰手法，充分发掘展示出秦琼"忠、孝、义、勇、信"的精神。

趵突泉是李清照的后花园吗

李清照，号易安居士，齐州章丘（今山东章丘）人。宋代女词人，婉约词派代表，有"千古第一才女"之称。"大明湖畔，趵突泉边，故居在垂杨深处；漱玉集中，金石录里，文章有后主遗风。"这是郭沫若先生为李清照纪念堂题写的楹联，它完整地概括了这位女词人的传奇一生。

在趵突泉的众多泉群中有一泓清泉曰漱玉泉，相传李清照经常在此吟诗作词，为后人留下了无数华丽篇章，并成为婉约派词的创始人。因她有《漱玉集》在世，后人便依此确定她的故居就在漱玉泉畔。

济南李清照纪念堂位于趵突泉公园内，漱玉泉旁，1959年始，在原丁公祠处辟建而成，1999年进行较大规模扩建，现今面积4000余平方米，纪念堂采用宋代建筑风格，整个建筑布局精巧和谐，格调朴实、淡雅、大方，恰当地体现了女词人的身份、气质和风度。展室内涵风格各异，从图、文、像、书、画等不同层面展现了一代词人的伟大成就与丰富的一生。

李清照故居

但实际上，李清照故居是在山东省章丘市明水镇，坐落在明水百脉泉公园西北角，南傍百脉泉，东倚绣江河的清照园也是规模最大、品位最高的李清照纪念馆。清照园1997年5月正式向游人开放，称得上是镶嵌在中国北方的一颗仿宋江南民居建筑的璀璨明珠。同时，它也是一处进行李清照学术研究的重要基地。该园由全国著名园林设计专家周培正先生设计。总占地面积为18000平方米，总建筑面积1300平方米，包括吟风榭、文书斋、漱玉堂、海棠轩、燕寝凝香、碑廊、易安楼等15组建筑。

辛弃疾济南的故居在哪里

在济南小清河畔，有一个乡镇，叫遥墙镇。遥墙镇偏东南3.5公里处，有个百多户人家的村庄四风闸，相传建村于宋代。这里一片平川，风光秀丽；人杰地灵，文化灿烂，名胜古迹众多。闻名遐迩的宋代杰出词人辛弃疾就出生在这里。

当他 21 岁时，金兵大举南侵，山东人民纷纷起来抗金，辛弃疾集合了两千人的队伍，加入了耿京为首的农民起义军，担任"掌书记"的职务，和金兵展开了英勇顽强的斗争。辛弃疾一生抗金抱负不得施展，就用词这一文学形式作为斗争武器。辛弃疾通过词来抒发自己的爱国热情，激励人民的抗金意志。辛词题材广阔，内容丰富，意境深远，风格多样，爱国主义则是他词的基调。

后世为纪念先贤，弘扬辛公遗留下的宝贵精神财富，加强爱国主义教育，于 1996 年在四风闸村恢复修建辛弃疾故里及遗址。1998 年成立了辛弃疾纪念馆。从南面进入纪念馆，首先看到的是巍峨壮观的石坊，它的样式是根据群众回忆设计的四柱三门石坊，石坊正门的横额上有中国著名书法家武中奇书写的"辛弃疾故里"五个大字。穿过石坊是仿宋六角亭，

辛稼轩纪念祠

踏上石阶走进亭，会见到在高大的石碑正面上方是按照铅山辛谱记载放大刻制的"稼轩公遗像"；下方文是"辛公稼轩名弃疾、字幼安，宋高宗绍兴十年五月十一日卯时出生于济南府历城县四风闸村"。在百花争艳的花坛簇拥中，辛弃疾的塑像头戴儒巾，身披战袍，内穿护甲，腰挎宝剑，昂首挺胸，目视远方，像是在瞭望金戈铁马的沙场，运筹策划，整装待发。瞻仰辛公塑像后，从仿宋的山门进入第一进院落，迎面正北是三座展室，正中的主展室展示了辛弃疾英雄豪迈的一生。在展室后面的第二进院落是一组典型的仿宋民居，这里再现了辛弃疾故居，运用彩塑形象地反映"聚民抗金""幼承祖训"等历史画面。

赫尔曼·费舍尔与济南有何渊源

赫尔曼·费舍尔是德国青年派建筑大师，他来到济南的时间是 1908

济南的名人故居与民间趣闻

年，时年 24 岁，一个刚从德国希尔德堡豪森大学毕业的建筑师，在德国还没有名气，但是才华横溢的他来到了相隔万里的中国，来到了济南，并在这里娶妻生子。在 1909 至 1913 年期间，受中德两国政府委托，赫尔曼·费舍尔参与建设从青岛至济南的铁路线，并设计了济南的老火车站。

赫尔曼·费舍尔

这座典型的德式建筑曾是我国一处享誉世界的著名地标。它曾是亚洲最大的火车站，世界上唯一的哥特式建筑群落，登上清华、同济的建筑类教科书，并曾被战后西德出版的《远东旅行》列为远东第一站。但是 1992 年 3 月起，虽然受到市民和学者的强烈反对，山东省济南市和铁路部门仍落实了老车站拆除方案。

当时赫尔曼·费舍尔故居即原津浦铁道公司高级职员府邸，它是由两座日耳曼风格的别墅建筑东西并排组成。东为车站街 3 号、西为车站街 5 号。车站街 5 号建筑的平面是短肢的"T"形，主入口布置在西南角，底层是客厅、起居室、主卧室和餐厅、厨房、佣人房。二楼阁楼层是卧室和书房等，设有阳台和露台。一层南面原是一个仅有两个拱的短拱廊，今已堵死作为房间使用。木地板、木楼梯均选料精细，做工考究。建筑的外观两层，有石砌地下室。建筑的墙体底层主要以石砌为主，建筑的东、南、西、北几个立面的布局各不一样，无一雷同。

王士祯的故居为什么被称为"秋柳园"

王士祯，原名士禛，字子真、贻上，号阮亭，又号渔洋山人，人称王渔洋，谥文简。汉族，新城（今山东桓台县）人，常自称济南人，清初杰出诗人，官至刑部尚书，颇有政绩。博学好古，能鉴别书、画、鼎彝之属，精金石篆刻，诗为一代宗匠，与朱彝尊并称。书法高秀似晋人。康熙时继钱谦益而主盟诗坛。论诗创神韵说。早年诗作清丽澄淡，中年以后转为苍劲。擅长各体，尤工七绝。但未能摆脱明七子摹古余习，时人诮之为"清秀李于麟"（李攀龙），然传其衣钵者不少。

王士禛因赋有《秋柳》诗风靡一时。后来历下文人在王士禛曾创作名篇的大明湖南岸天心水面亭成立了"秋柳诗社"，并建馆舍多间，称"秋柳园"。而秋柳园街21号宅院即为昔日王士禛故居遗址。相传这座三进四合院是20世纪30年代，在原地基上

王士禛故居

重新翻盖的，当时盖房挖地基时，曾挖出一块石碑，写有"王士禛故居"的字样，当时主人把这块石碑送到省图书馆去了，于是作为景点，旧称"王家大院"。

秋柳园位于大明湖东南岸，大门朝南，门上悬匾额"秋柳园"三个大字，由清代书法家何绍基书写。因大明湖扩建，遂拆除并于2009年在原址之上恢复建成，并入大明湖景区，占地17500平方米。秋柳园包括天心水面亭、秋柳诗社、谭艺轩、信古斋、镜亭、瑶榭、秋柳人家等景点，园内主体建筑坐北朝南，二层仿古。一层大门上方悬匾额"清远堂"，两侧对联：天下文章莫大乎是；一时贤士皆从其游。进入一楼大厅，迎面立有王士禛像，厅内陈列王士禛生平、文学成就、砚台、印章、皇帝赠御扇以及仿古家具、青花瓷等，一二楼夹层展示王士禛的《手镜录》，二楼秋柳诗社为文人活动场所，西墙有王士禛的《泛明湖记》，东墙悬"王士禛会友"图。柳园街21号是王士禛的故居，旧时的秋柳园土墙木栋，柳丝袅袅，是个幽静清宁的地方。作为济南重要的人文景观，秋柳园在济南的人文历史上有着显著的位置。

舒同的故居还住过哪些名人

舒同故居

在老舍纪念馆西侧的居民楼院里，隐藏着两幢二层别墅小楼，目前两幢楼保存状况良好，被分别挂上了"济南市第四批文物保护单位"的牌子。西侧楼为山东省行政管理学会的办公地点，东侧为王羲之书画报社办公楼。这里就是红军书法家舒同的故居，那时舒同任中共山东省委第一书记兼济南军区第一政委、党委第一书记。舒同故居地上有两层，还有地下室，楼顶有一圈女儿墙，一层和二层各有 5 根爱奥尼克柱围成的围廊，东面的小楼为双坡顶，东立面和南立面上各有一扇大圆窗，东立面下原有一门，现在已经堵上了。该建筑建于 20 世纪初期，建筑形式为北美折中主义，近年进行外立面整修，保存还较为完整。

据说，除了舒同，中华人民共和国成立后，还有多位名人曾在此居住，分别是曾任山东省副省长、山东大学校长晁哲甫，曾任山东省副省长、人大常委会副主任李予昂，曾任山东省委第一书记谭启龙，曾任山东省副省长栗再温以及曾任山东省副省长、山东省政协副主席余修。

济南的民间趣闻

古时没有功名之人过泮池不能走桥怎么办

　　古时礼教严格，据说只有有功名的人才能走泮桥，从而穿越泮池。也就是说，要想过泮桥，你至少得是个秀才级别的。

　　这样一来就闹笑话了。相传，济南府学文庙的泮池上就发生过这样一件趣事：一位读书人来到文庙，想要沾染一些文庙的文化底蕴。他穿过棂星门，抬脚走上泮桥，刚走到一半，突然想起来自己还未取得功名。他站在桥中间，不能向前走，也不能再退回去，这可怎么办？着急之下，只听"扑通"一声，读书人已经跳进泮池。既然不能走桥，只好游泳穿过了。

　　虽然此事成为一时笑谈，但也体现了古时科举礼教之严格。

　　古代读书人对泮池极为重视。《济南府志》中记载，明朝嘉靖年间重修文庙时，附近几位老人前来对主持工程的官员说，泮池原来有活水注入，那时济南府中举的学子特别多，近些年泮池淤塞干涸，"恨无源头活水来"，所以中举的学子就少了。官员们听后非常重视，赶紧商量对策。于是，便引珍珠泉、芙蓉泉之水注入泮池。说来也巧，第二年中举率就升高了，似乎温润的泉水的确给当地带来了"文运"。

闵子骞病逝于济南吗

闵子骞，公元前536—487年，名损，字子骞，春秋末期鲁国人，孔子高徒，为七十二贤人之一。他为人所称道，作为二十四孝子之一，孔子称赞说："孝哉，闵子骞！人不间于其父母昆弟之言。"明朝编撰的《二十四孝图》，闵子骞排在第三，是中华民族文化史上的先贤人物。

闵子骞

据《史记·仲尼弟子列传》载：子骞少时为后母虐待，冬天，后母以芦花衣损，以棉絮衣所生二子。子骞寒冷不禁，父不知情，反斥之为惰，笞之，见衣绽处芦花飞出，复查后母之子皆厚絮，愧忿之极，欲出后母。子骞跪求曰："母在一子寒，母去三子单。"其父这才饶恕了后妻。从此以后，继母对待子骞如同己出，全家和睦。后人把这一故事称为"单衣顺亲"和"鞭打芦花"。有诗赞曰："闵氏有贤郎，何曾怨后娘；车前留母在，三子免风霜。"闵子骞崇尚节俭，鲁国要扩建新库房，争取他的意见时，他批评说："原来的库房就很好，为什么再劳民伤财去改造？"

闵子骞曾随孔子去列国游学，病卒于长清县内，位于今济南市西南部。闵子骞葬于何地尚无确址，但他儿子闵沃盈葬在闵家寨却是人所共知。因此，闵家寨闵子祠成为海内闵氏续谱处和祭祀处。其面积有二十余亩，曾十一次重修，有碑碣百余通。正阳门三间，上悬乾隆皇帝手书"笃圣祠"三个金光大字，今尚存遗址。济南也有闵子骞的纪念祠堂，坐落于百花公园西侧。

扁鹊真的能起死回生吗

扁鹊，原名秦越人，渤海郡郑（今河南郑州新郑市）人，或齐国卢邑

（今山东省长清县）人，也有记载为渤海郡州（今河北任丘市北）人，战国时期名医。《史记》等载其事迹涉及数百年。扁鹊精于内、外、妇、儿、五官等科，应用砭刺、针灸、按摩、汤液、热熨等法治疗疾病，被尊为医祖。

根据司马迁《史记》记载，扁鹊年轻时曾是客栈的管理员，有一位名叫长桑君的异人常来客栈，扁鹊十几年间一直优待他，长桑君便将自己的医术悉数传授给他，并给他一剂良药。扁鹊用草木上的露水送服了30天之后，便有了"透视眼"的异能，可以看到墙另一边的人，诊视别人的疾病时，能看五脏内的病症，从此扁鹊开始周游各国，治病救人，很快便名闻天下。

有一次，扁鹊路经虢国，听说太子死了，遂去宫廷门前，问一位名叫喜方的中庶子（当时一官职）关于太子的死因。正巧那人略懂得一点医道，告诉说太子因气血不正常运行，突然昏倒而死。扁鹊又问死了多长时间，装殓了没有。中庶子答道："死了还

扁 鹊

不到半天，尚未装殓。"扁鹊说："我是齐国的秦越人，能救活太子。"中庶子说："你不是哄骗我吧？"扁鹊答道："您若不信，可进去试诊，太子鼻息尚存，顺着两腿摸到阴部，应该还是温热的。"中庶子闻扁鹊所言，顿时目瞪口呆，进去报告国君。虢君听后十分惊讶，在宫廷中门接见扁鹊，毕恭毕敬地说道："久仰先生大名，只是无缘相见，太子能得到您的救治，我深感幸运。"话未说完，便泪如雨下。

扁鹊说："太子的病是假死症，是因为阴破阳绝而导致的容颜衰败、血脉紊乱、昏睡如死，良医可以将其救活，庸医则会被迷惑。"扁鹊命他的学生子阳磨砺针石，取穴百会下针，过了一会儿，太子苏醒了。扁鹊又让学生子豹准备能入体五分的药熨，再加上药剂混合煎煮，交替在两肋下熨敷，太子能够坐起来了。又进一步调和阴阳，只吃了20天汤剂就

恢复得和从前一样了。因此，天下人都认为扁鹊能使死人复活。扁鹊却说："我不是能使死人复活，这是他应该活下去，我能做的只是促使他恢复健康罢了。"

扁鹊是被刺杀的吗

扁鹊救活虢国太子后，名声传遍天下，他于公元前307年来到秦国。秦武王脸上生疮，身边的大夫治愈不了，于是请扁鹊诊治，扁鹊建议动手术除去。秦国太医令李醯自知医术不如扁鹊，因嫉生恨，向秦武王进谗言说："国君的病在耳朵之前，眼睛之下，如果处置不当会导致耳聋眼瞎。"秦武王把李醯的话告诉了扁鹊。扁鹊气得扔掉了砭石，并对武王说："照这样执政，秦国必亡！"武王听后非常不悦，李醯见有机可乘，于是指使刺客把扁鹊杀害了。

扁鹊被李醯杀害后，任何史书典籍都不曾记载其葬于何地，原因较复杂，一是扁鹊四处行医，足迹遍布晋、冀、鲁、豫；二是各种史书典籍和地方志记载不一致；三是扁鹊死于非命，并非寿终正寝，以致在全国很多地方都有扁鹊的墓葬。

济南也有两处扁鹊墓，一说扁鹊死后，虢太子感其再造之恩，收其骨骸而葬之，墓位于今长清，长清就是古代的卢地，清道光二十年《济南府志》载："秦越人墓在县境，旧志卢地有越人冢，即扁鹊也。"现今此处越人冢已寻访不得，不见踪迹。济南北郊鹊山西麓的扁鹊墓在《民国续修历城县志》《济南山水古迹纪略》都有记载，北宋的曾巩在其《鹊山》诗中也有描述。

扁鹊不仅医术高明，而且有自己的原则，扁鹊看病行医有"六不治"原则：一是倚仗权势，骄横跋扈的人不治；二是贪图钱财，不顾性命者不治；三是暴饮暴食，饮食无常者不治；四是病深不早求医者不治；五是身体虚弱不能服药者不治；六是相信巫术不相信医道者不治。

扁鹊是我国医学史上一位继往开来的伟大人物，是中医学的重要奠基者，司马迁对其评价道："扁鹊言医，为方者宗。"汉代以来，医学界一直把扁鹊尊为医学的祖师，称他是中国的"医祖"。他是中国人的骄傲，更是济南人的骄傲。

程砚秋第一次坐飞机是在济南吗

济南曾是京剧大码头，国内名角无不来此挂牌扬名，四大名旦之一的程砚秋亦曾屡次来济南演戏。但程砚秋来济南最为惊动、给人印象最深的，要数 1933 年 12 月那一次。

当时，中国第一代著名飞行家、号称"东方林白"（林白为美国著名飞行家）的孙桐岗正在济南，他是程派戏迷，用如今的话

程砚秋

说是"铁杆粉丝"。他特地驾驶飞机，在济南上空分发传单，向市民告知程砚秋抵达的音讯，并致热烈欢迎之意。此为创纪录之举，使程砚秋济南之行平添不少光彩。

离济南之日，孙桐岗想请程砚秋与他同乘飞机，一览济南全景。程砚秋婉辞说："我 60 岁以后，愿一试飞行。"程当时只有 30 岁，意思是不想过早冒险。不料，性格豪爽的孙桐岗坚请一试，程砚秋只好穿上飞行服装，二人相偕登机，程坐前面"领航"，孙坐后面驾驶，一阵轰鸣之后，飞机腾空而去。绕城两周，饱览古城内外风光，落地后，程砚秋兴奋不已，拉着孙桐岗合影纪念。

要知道，当年中国航空事业尚初见萌芽，除飞行家，没有人可以随意乘坐。何况这还是"四大名旦"之一的程砚秋生平第一次坐飞机，出访欧洲，周游苏、法、德等国时，他也不曾坐过飞机，不想却在济南开了洋荤。此事见诸报端，立刻惊动了全国。

济南的名人故居与民间趣闻

王献唐对山东省图书馆有什么贡献

1928年"济南惨案"，有"南阁北园"之美誉的山东省立图书馆"遐园"被毁于战火。其后，国民政府为重新振兴省立图书馆，危难时刻委派王献唐先生担任馆长。在他的主持下，修建了著名的藏书楼"奎虚书藏"。

在此期间，王献唐先生致力于古籍善本和金石文物的搜集，主编了有名的《山东省立图书馆季刊》。1929年，四大藏书楼之一的聊城海源阁被兵匪掳掠。王献唐先生亲自赴聊城调查整理。返回济南后，王献唐先生撰写了《聊城海源阁藏书之过去现在》《海源阁藏书之损失与善后处理》等重要文章，积极建议省政府进行抢救，最终由辛铸九等社会名流将劫后的海源阁藏书自天津购回，藏于省图。其他杨氏藏书亦流散于济南街市，"献唐均百计求之，归诸省馆而后安"。同一时期，又与邢蓝田等人访书章丘鹅庄，得到《高唐齐音》、李开先的《闲居集》、王筠的《正字略定本》等大量古籍善本。

山东省立图书馆经王献唐先生的苦心经营，数年内藏书大富，由其任职前的六万余册，增至"七七"事变前的近二十二万册。其中，山左先贤著作七百余种，善本书达三万六千册，一举奠定了山东省立图书馆在全国的领先地位。该馆遂一时蜚声海内外，成为当时仅次于北京图书馆的藏书重镇。

"七七"事变后，华北危急，济南成为危城。王献唐先生为使馆藏珍贵图书文物免遭战火和落于敌手，毅然决定将其转移至大后方保存。他选取馆藏珍、善本图书及文物精品，变卖家产，自筹运费，抛妻别子，只身率领编藏部主任屈万里和工人李义贵，辗转万里，运至四川乐山，存入大佛寺天后宫中。在川期间，由于图书馆失去建制，经费来源断绝，他就利用去大学兼课的收入，贴补日常开销。他经常要躲避日军的空袭，常年流离于崖洞佛寺，"（先生）抱定书与人共存亡的决心，时刻不离左右，八年如一日……""虽衣食不继而志守弥坚"。

这次护书南迁对于齐鲁古籍文物的保护意义重大。这些古籍文物可分为三类，即第一，古籍珍善本，共有438种2659册。第二，珍稀书画，共有 143 种 182 件。第三，金石器物，包括陶瓷、玉器、铜器、砖瓦、甲骨等共 734 件。上述种种，都是稀世文物，是山东学人数代的积累和其中的精华所在。

1950 年，这批历经磨难的文化瑰宝，终于辗转大半个中国完好无损地回到了它的故乡济南，先生之功可谓山左之福。

顾炎武在济南遭遇了"文字狱"吗

与王夫之、黄宗羲齐名的思想家、史学家、语言学家顾炎武，在学术上作出了巨大贡献，被誉为清代"开国儒师"。其"天下兴亡，匹夫有责"的名言，激励着一代又一代的仁人志士。然而，你知道他曾在济南遭遇了"文字狱"吗？

顾炎武

清朝初年，文字狱接连不断。康熙五年（1666 年），山东即墨发生了一件骇人听闻的"文字狱"，这就是史上著名的"黄培诗案"。黄培原本是明朝的一位官员，明亡后，归隐故里即墨，常以诗文抒发亡国之痛，其中就有"一自蕉符纷海上，更无日月照山东"之语。黄培家的世仆黄宽（原姓姜）之孙黄元衡高中进士后就想解除与黄家的主仆名分改姓归宗，并因此与老东家反目成仇且寻衅报复。这个无耻小人私下搜集黄培诗文加以曲解，然后罗织了十大罪状，向山东巡抚衙门告发黄培"阴结士类，诋毁新朝"。清廷得知后立即下旨，责令山东巡抚拘拿与此案有关的人等严审奏复。

案件审理中，当年因欠债而抵押田亩给顾炎武的地主谢世泰企图夺回田产，便乘机兴风作浪，到章丘县衙状告顾炎武霸占财产，同时，暗中挑唆黄元衡诬告顾炎武谋反而治罪。1668 年正月的"黄案会审"中，姜元衡的矛头直对顾炎武，诬陷说"逆诗"内还有《忠节录》一书，"系昆山顾宁人到黄家搜辑发刻"。其实《忠节录》一书原为沈天甫以陈济生之名搜集明代天启和崇祯两朝遗诗辑成，与顾炎武丝毫无关。

康熙七年（1668年）二月末，顾炎武在北京闻知此案，念及"事关公义，不宜避匿；又恐久而滋蔓，贴祸同人"，急忙赶到济南的巡抚衙门投案澄清真相，不料竟陷牢狱之灾。审讯中顾炎武讲明事实，据理力争，坚决否认曾到过即墨，使得许多受株连的人得以解脱。亲友李因笃、朱彝尊、徐乾学、颜修来等人知其含冤都竭力营救，顾炎武始得取保出狱。而后，他回到章丘，与谢世泰对簿公堂，结论是"虽陷害之情未明，而霸占之律已正"，总算打赢官司。

两场官司搞得顾炎武疲惫不堪，8个月的牢狱之灾也使他"每日以数文烧饼度活"，度日如年。遭此摧残的顾炎武十分心寒，在《济南》诗中悲愤地说"湖上荷花岁岁新，客中时序自伤神"，于是凄然离去，一路西行，继续浪迹天涯。1682年先生病逝于曲沃。

鲍叔牙为什么主动让出相位

鲍叔牙，姒姓，鲍氏，名叔牙，颖上人，春秋时期齐国大夫。鲍叔牙与管仲的故事最为后世称道。究竟两人是如何认识的，现在还没有任何考证结果。流传下来的历史就是从两人一起做生意开始的。

由于鲍叔牙家中是贵族后裔，很有钱，管仲则比较穷，两人做生意都是鲍叔牙出本钱，做完生意两人再分，但管仲因为家里穷，每次都在分钱之前抓一把银子。久而久之，鲍叔牙的管家就看出了端倪，他告诉鲍叔牙不应当交这样贪财的朋友。但鲍叔牙认为管仲之所以偷着拿钱，是因为家中有老母亲要赡养，所以并不以此质问管仲，由着他拿，这一管鲍分金的故事就这样流传下来。

鲍叔牙

后来，鲍叔牙在齐国做了公子小白的老师，管仲做了公子纠的老师，当时齐襄公在位，两个公子都是继位君主，为避免被杀，一个寄居在鲁国，一个寄居在现在位于莒县的莒国。

齐襄公一去世，两个公子都往齐国赶路，结果在中途碰上了。这时谁要灭了谁，他就能继承王位。鲍叔牙与管仲各保其主，两军对垒，管仲原本一箭射在小白身上，没想到却射在了腰带上，鲍叔牙急中生智，让公子小白装死，让官兵都披麻戴孝。那边的管仲等人信以为真，十分得意，松懈之下，就放慢了赶回齐国的脚步。哪知鲍叔牙已和公子小白暗地里连夜赶路，等公子纠他们到了齐国时，公子小白早已即位为齐桓公。管仲只好又带着公子纠回了鲁国。

齐桓公即位后，鲍叔牙功不可没，被封宰相。但鲍叔牙称，如果齐桓公想把齐国治理好，他当宰相绰绰有余，但若想称霸天下，还得由管仲辅佐。齐桓公一听是企图杀害自己的人，坚决不用。但经过鲍叔牙再三劝说，齐桓公同意杀了公子纠后起用管仲。

后来，才有齐国作为春秋五霸之首，第一个称霸天下。鲍叔牙德行高尚。管仲说："生我者父母，知我者鲍子。"鲍叔牙视金钱、名利、权力皆为粪土，退位让贤，继他之后再也没有第二个让出宰相之位的人了。

"醋坛子"的由来和房玄龄有关吗

房玄龄是唐代初年著名良相、杰出谋臣，大唐"贞观之治"的主要缔造者之一，古时齐州人，也就是济南人。

"醋坛子"的由来就是根据房玄龄和其夫人的故事来的。高祖李渊、太宗李世民起兵前久居晋阳，"醋"也成为唐宫必不可少的调味品，且因皇上喜爱吃，皇宫储存极多。据说，唐太宗年间，宰相房玄龄惧内是出了名的。其妻虽然霸道，但对房玄龄衣食住行十分精心，从来都是亲手料理，容不得别人插手。一日，唐太宗请开国元勋赴御宴，酒足饭饱之际，房玄龄禁不得同僚的挑逗，吹了几句不怕老婆的牛皮，已有几分酒意的唐太宗乘着酒兴，便赐给了房玄龄两个美人。房玄龄不料酒后吹牛被皇上当了真，收了两个美人，想到霸道的妻子，愁得不知怎么才好。还是尉迟敬德给打了气，说老婆再凶，也不敢把皇上赐的美人怎样，房玄龄才小心翼翼地将两个美人领回家。不料，房玄龄的老婆却不管皇上不皇上，一见房玄龄带回两个年轻、漂亮的小妾，大发雷霆，指着房玄龄大吵大骂，并操起鸡毛掸子大打出手，赶两个美人出府。房玄龄见不对头，只好将美人送出府，此事马上便被唐太宗君臣知道了。李世民想压一压宰相夫人的横气，便立即召宰相房玄龄和夫人问罪。

房玄龄夫人也知此祸不小，勉勉强强地跟随房玄龄来见唐太宗。唐太宗见他们来到，指着两个美女和一坛"毒酒"说："我也不追究你违旨之罪，这里有两条路任你选择，一条是领回两个美女，和和美美过日子；另一条是吃了这坛'毒酒'，省得妒忌旁人了。"房玄龄知道夫人性烈，怕夫人喝"毒酒"，急忙跪地求情。李世民怒道："汝身为当朝宰相，违旨抗命，还敢多言！"房夫人见事已至此，看了看二女容颜，知自己年老色衰，一旦这二女进府，自己迟早要走违旨抗命这条路，与其受气而死，不如喝了这坛"毒酒"痛快。尚未待唐太宗再催，房夫人举起坛子，"咕咚咕咚"地已将一坛"毒酒"喝光。房玄龄急得老泪纵横，抱着夫人抽泣，众臣子却一起大笑，原来那坛子装的并非毒酒，而是晋阳清源的食醋，根本无毒。唐太宗见房夫人这样的脾气，叹了口气说道："房夫人，莫怨朕用这法子逼你，你这妒心也太大了。不过，念你宁死也恋着丈夫，朕收回成命。"房夫人料不到自己冒死喝"毒酒"得了这么个结果，虽酸得伸头抖肘，但心中高兴万分。房玄龄也破涕为笑。从此，"吃醋"这个词便成了女人间妒忌的代名词。

济南历史上发生过真正的空城计吗

看过《三国演义》的人都知道，空城计是诸葛亮凭一己之力击退司马懿大军，是在敌众我寡的情况下，缺乏兵备而故意示人以不设兵备，造成敌方错觉，从而惊退敌军。但空城计在历史上真正出现并不多见，而在济南就曾发生一次真正的空城计。

在《资治通鉴·宋纪》中，记载了魏晋南北朝时期，济南历史上发生的这次真正的空城计。公元429年，北魏太武帝拓跋焘率军抗击北方柔然的入侵。南朝宋文帝刘义隆认为有机可乘，便遣使要求拓跋焘归还占去的河南、山东各地。拓跋焘一笑置之，并不理睬。宋文帝大怒，即命到彦之为将，于公元430年率军北伐。到彦之率军5万由水路进军山东。其时魏军主力正在北方作战，河南各地兵力单薄，见宋军到来，便纷纷撤兵而去。宋军收复了很多失地，一直推进到黄河南岸，前锋窥伺潼关。到彦之认为魏军无力两面作战，宋军正可巩固战果，便把全军摆成一字长蛇阵，守卫在黄河南岸2000余里长的防线上。然而，到了隆冬黄河冰封之后，魏军突然大举渡河南下。宋军因防线过长，各处都很薄弱，一下就被击溃，辛弃疾之《永遇乐·京口北固亭怀古》中"元嘉（宋文帝年号）草草，封狼居胥，赢得仓皇北顾"，说的即此事。

如今山东北部沿着黄河，便是北魏和南宋的边界。黄河南岸的济南郡是边境的要地。北魏军队乘胜打到山东，直到济南城下。当时济南太守叫萧承之，手下只有几百士兵。召请救兵已来不及。萧承之急中生智，便叫打开城门，藏匿士兵，故意装出一片神秘的气氛。城中人说："贼人势众，我军兵少，怎能如此轻敌？"萧承之说："如今孤城一座，兵微将寡，势难抵敌。假如再向敌人示弱，后果不堪设想；只有使敌人疑我埋伏，不敢进迫，才是上策。"北魏大军来到城下，看见城内外这般模样，十分疑惑，误以为城内埋有伏兵，果然撤兵而去。

您知道范仲淹掘金不取的故事吗

4岁时，范仲淹随母改嫁到长山朱家，更名换姓，生活条件十分清贫。7岁时，生母谢氏教他识字，买不起笔墨纸张，只得在地上用树枝练习写字，10岁时才入私塾读书。但艰难的生活抵挡不住范仲淹对知识的渴望，他读书非常刻苦，15岁即被举为学究，并受到本县告老还乡的右谏议大夫姜遵的青睐，称其"他日中不唯显官，当立盛名于世"。

范仲淹曾在继父友人的引荐下，在邹平醴泉寺读书。醴泉寺地处

范仲淹

群山环抱之中，环境幽雅，是一处安心读书的理想之地。寺内住持慧通大师学问精深，对范仲淹疼爱有加，向他传授《易经》《左传》《战国策》《史记》及诗词歌赋，生活上也处处周济他。这引起一些小和尚的嫉妒，常常吵吵嚷嚷扰乱安静，又以"饭后钟"相戏弄。为逃避寺内喧嚣，范仲淹找到寺南一僻静山洞读书，用家中送来的小米一次煮一锅，待凉后画上一个十字，每顿吃一块，再切上一点野菜，撒上盐末下饭，这就是邹平妇孺皆知的"读书洞""划粥断齑"的故事。据江少虞的《宋朝事实类苑》记载，范仲淹"唯煮粟米二合作粥一器，经宿遂凝，以刀为四块，早晚取两块，断齑十数茎，酢汁半盂，入少盐，煖而啖之，如此者三年"。

有一次，范仲淹在洞中读书时，两只老鼠跳进粥锅吱吱乱叫，他抬头一看，是一白一黄两只小老鼠。范仲淹忙将老鼠驱赶出去。两鼠慌忙逃出洞外，钻到荆树两侧。范仲淹追到树下，见一侧鼠洞闪着黄光，另一侧鼠洞闪着白光，他很惊奇，取来铁锹挖开一侧鼠洞，下面竟然是一个大地窖，扒开土石，却是满满一窖黄金，他随手埋好。又挖开另一侧鼠洞，见是一窖白银，仍不动分文，埋好如初，复回洞中挑灯夜读。

离开寺中 30 年后，醴泉寺遭受火灾，慧通大师不忍寺庙毁在自己手中，便派人找到已在延州戍边的范仲淹求援。范仲淹询问了寺庙的情况，热情款待来人，但只字不提援修寺庙的事情，临走时修书一封并赠送了两包上好的茶叶，让来人回复慧通大师。庙中和尚听说范仲淹闭口不提修庙一事，心中愤然。一天，慧通大师展开书信，见是一首五言诗："荆东一池金，荆西一池银，一半修寺院，一半济僧人。"慧通等人对范仲淹不贪财货、密覆不取的高尚品格更添无限敬意，用所掘金银修缮寺庙，醴泉寺得以复兴。

范仲淹在醴泉寺苦读 3 年，这在他的一生中具有重要意义。一方面，他刻苦攻读，博览群书，打下了深厚的知识基础；另一方面，培养和锻炼了他吃苦耐劳的精神和克服困难的顽强意志。

奸臣徐有贞在济南做了一件什么好事

明朝有一个与臭名昭著的秦桧齐名的奸臣，他叫徐有贞。为一己之私杀害了"北京保卫战"中立下大功的忠臣于谦。500多年来任谁说起，无不恨得牙痒，却偏是这个奸臣，在山东做了他一生中几乎唯一的好事。

明朝景泰三年三月，都察院左佥都御史，钦差大臣徐有贞，正凝视眼前的三股水沉思。这时山东连续七年水灾，抗洪的堤坝修完了接着垮，泄洪的河道正挖着，洪水就又冲上来了。治水的钦差换了又换，直到徐有贞到任。盯着趵突泉发愣的徐有贞，忽然问了众人一个莫名其妙的问题：你们说，这三股水要是合成一股，跟原先比，哪个水势更大？众人惊讶，摇头。唯独徐有贞却露出了微笑：受此启发，治水的方略已经有了。

于是徐有贞开始行动，他提出了一个颠覆前人的治水方略，即在开掘泄洪水渠的时候，由原先开挖大型泄洪水渠，改为沿河道同时开挖成千上万小型泄洪水渠。这个简单的变化立竿见影。是年四月，山东水患平息。之后半个世纪里，虽屡受暴雨，山东却再未发生大规模水灾。章丘有民谣唱："昔也，沙湾如地之狱；今也，沙湾如天之堂。"这是徐有贞的功绩。

正是趵突泉之行让徐有贞发现：在开挖人工运河泄洪的问题上，与其开挖一条大运河，不如开挖若干流量相同的小运河，可收到更高效的泄洪效果。而后他用水箱排水的实验印证了自己的设想，继而付诸实施。这个发现被明朝人方以智收入其著作《物理小识》中，而400年后，法国数学家普赛列做了相同的实验并建立学说，这就是水力学上著名的水箱放水实验。

后来徐有贞垮台，被明英宗流放贵州，充军路上不断有百姓斥骂。过境济南时，有当地百姓拦住，先以石块猛砸，又送上瓜果菜蔬等礼物，正告

济南的名人故居与民间趣闻

173

道："责汝之罪，谢汝之恩。"彼时名臣邱浚闻听后感慨："百姓真公道也。"

刘墉真的有过失态巧对联吗

过去，在曲水亭的壁上挂着两副楹联，一副是："三椽茅屋，两道小桥；几株垂杨，一湾流水。"另一副是："忙里偷闲，下盘棋去；闹中取静，泡碗茶来。"前者出自大名鼎鼎的书法家郑板桥，而后者的出处，却有个曲水亭刘墉失态巧对联的故事。

传说当年乾隆南巡，驻跸济南，在大明湖畔与济南好女夏雨荷一见钟情，两个人如胶似漆，难舍难离。随驾南巡的宰相刘墉却直犯嘀咕，心说，皇帝身为天子当为天下人表，怎能和一个民女纠缠不休呢！只好明里暗地进言劝谏。那乾隆刚得佳人哪能听得进去！无奈刘墉三番五次说个不停，叫乾隆不胜其烦。但刘墉谏言有理，又不能不听，如何是好？乾隆想来想去，终于想出了一条计策。这天晌午，乾隆突然要刘墉和他一起微服出游。两人出行宫走街里，不一会儿，就来到了曲水亭。在亭上坐下，见眼前溪流潺潺，水清如镜，水中浓绿的水草随波逐流，岸边还有一女子抚琴，真是恍如人间仙境。两人叫来酒菜，君臣对饮，好不惬意。酒意浓时，忽见刘墉神态有异，望溪发呆，乾隆顺着看去，原来水中正映着岸边抚琴女的面庞身影，真是个"绝色佳女水上漂"，好一幅撩人心怀的图画，刘墉竟自看呆了。乾隆微微一笑，投杯掷水，水动，美人顿失，刘墉方才清醒。乾隆笑问："爱卿如醉如痴也爱绝色乎？"刘墉知自己失态，尴尬万分，但他毕竟是当朝宰相著名学士，聪明得很，灵机一动，掩饰道："臣刚才凝思，正试给郑燮楹联对句，请万岁评点。"随即诵道："忙里偷闲，下盘棋去；闹中取静，泡碗茶来。"乾隆听了不禁发笑。

其实，岸边那抚琴女正是夏雨荷。乾隆本义是想引夏女见刘墉，以堵其口。谁知夏女绝色，竟把刘墉迷住了。刘墉失态，作联句掩饰，也就无颜再谏。从此，乾隆和夏雨荷交往没了约束，好不快活！而刘墉作的联句也流传了下来。这正是：君有君道，乾隆爱美巧设计；臣有臣纲，刘墉失态曲水亭。真耶假耶？不得而知。

你知道狮子红眼淹卢城的传说吗

古时候，紧靠济水边的卢城内有一户人家，母子二人过日子。家境虽不富裕，但是心眼好，乐善好施，为人忠厚。邻里都很敬重这户人家。一天，一个道士在他家门口念经，老妇以为是化缘的道士，就拿出平日积蓄的钱给他。道士说："我不是来化缘的，是不忍心看着你家遭难，特地来告诉你一句话：狮子红眼时淹卢城。"说完道士就不见了。这句话很快在卢城传开了。有些人慌慌张张地搬了家，有的一边收拾东西，一边到县衙门口去看石狮子是不是红了眼，也有的人不以为然，认为石狮子怎么会红眼呢。

一天，天还没亮，一个屠夫刚杀完猪，手上沾满了鲜血，忽然想起狮子红眼淹卢城的话，便幸灾乐祸地说："我让狮子红眼，看看热闹！"就跑到县衙门口，用手上的血染红了石狮子的眼睛，笑着走开了。天亮以后，人们一见狮子的眼睛真的红了，便慌乱起来，逃的逃，搬家的搬家，卢城内外像炸开了锅。

正巧，这天夜里风雨大作，河水陡涨，大河决口，灌满了卢城，淹死了屠夫全家，其他人幸免于难。卢城被淹的消息，也惊动了庙里的三尊大石佛。高一丈八的丈八佛，对高一丈九的丈九佛和两丈高的两丈佛说："我们也走吧，不然会把我们淹没了的！"丈九佛和两丈佛说："你太胆小了，凭我们高大的身躯谁能把我们怎么样！"丈八佛觉得自己矮，看到河水很快涨上来，于是向东山脚下的李家庄逃去，才没有被淹，后来因为这个庄有了丈八佛，庄名就叫作丈八佛李庄。河水继续上涨，丈九佛劝两丈佛一起逃走，但是两丈佛自恃身躯高大，不肯逃走，丈九佛只得只身逃到东山前的陈庄，后来陈庄改名为丈九佛陈庄。大水淹没了整个卢城，两丈佛被泥沙淤埋，只露出个头顶。大水过后，有人路过此地，坐在佛头上休息，竟然把佛头压到泥沙里去了，从此再也见不到两丈佛了。

济南最大的山洞曾隐居过一位名士吗

"济南长清境内之名山有三，曰灵岩，曰五峰，曰莲台。"据莲台山老君洞旁的历史碑刻记载，莲台山与灵岩、五峰二山相比，最大的特色是，这里"洞多且深藏"，民间号称有七十二洞，其中最大的洞就是娄敬隐居的娄敬洞，长三四百米，宽一二十米，高二三十米，在济南范围内的自然山洞中是最大的一个。

娄敬是西汉初齐人，从军陇西，过洛阳，由齐人虞将军引见而得识汉高祖刘邦。其时，刘邦正与群臣商议定都之事，群臣多主张建都洛阳，他却力陈关中之利，与张良共主建都长安。刘邦采纳了他的建议，封他为郎中并赐刘姓。他还建议将各地豪族迁徙关中，可加强对豪族的控制，且能充实关中人口，巩固汉朝统治。刘邦欲赴平阳亲征匈奴，他极力劝阻。刘邦怒，将他囚于广武。刘邦果然大败而归，遂亲赴广武将他释放，并赐爵关内侯。

娄敬在朝与张良过往甚密。传说张良辞官后隐于历城南之扶山子房洞，而娄敬辞官归里，隐居娄敬洞。据清康熙年间所辑《灵岩志·娄敬洞》记载，娄敬洞东洞门口旧有范蠡、张良、娄敬塑像，像前有石香台，刻"大金国泰和四年造"。南壁还有金人摩崖题记，据题记说，洞中原有古塑，不知始于何时，住洞道人徐真道与禹城张彦等人又将它们重修。可见，在金以前，此地便是道教活动之处。有趣的是，石香台旁，还塑一短褐少年，趺坐于地，当地人称"油博士"。相传，昔时有一卖油郎叫王质，推车卖油，至油房崖，车脚断裂，执斧上山伐柯修车，经娄敬洞，见洞口古槐下有两白须老人对弈，王质本是个棋迷，越看越入神，把伐柯修车之事给忘了。日到中天，其中一老者递给王质一颗枣，令其含入口中，王质顿觉清气沁心，饥渴之感全消。夕阳西下，棋尚未完，王质猛忆修车之事。回头取斧，真怪，斧柄已朽烂，急下山寻油车，车已杳然。山下村舍田庐全非，亦无一人相识，细一打听，才知已经过了百余年。王质知道遇见了仙人，忙回身返山，老者已去，只剩空山寂寞，古槐瑟瑟。

舜的真身是凤吗

作为上古三皇五帝之一的舜帝，在公元前两千年的中华大地上是神一般的存在，是中华文化的开创者。而济南同舜也有非常深的文化联结，现在济南还有非常多的地方都以舜文化来命名，在千佛山、趵突泉等名胜景区，更留存着祭祀大舜的舜祠。舜文化不仅仅是济南历史的核心，同时他的孝悌友义也由济南传播，影响了整个中国。但是，关于舜的来历却扑朔迷离，成为很多专家学者研究的重点，很多济南人都深信，舜的真身为凤。

为什么这么说呢？因为济南有一个流传了几千年的神话故事：

凤凰，亦作"凤皇"，古代传说中的百鸟之王。雄的叫"凤"，雌的叫"凰"，总称为凤凰。《说文解字》有所谓"凤出东方君子之国"的说法。相传，古代的东方先民的精神领袖就是舜，而这个时候东方的图腾就是一只展翅欲飞的凤，是东方先民的图腾。一天夜里，舜父梦见一只凤衔着一粒谷种来喂他，并说："我是来给你做子孙的。"于是，舜母怀孕，生了一个目生双瞳的孩子——舜。双瞳在此也向人们隐喻了舜不平凡的一生。

舜长大后，便在济南的历山下耕作。当时，黄河流域有大象生息，舜便驯化大象用于耕耘。他还教人制陶器和捕鱼狩猎，发展生产。舜名扬天下，招来嫉妒。一个恶徒请舜去修谷仓，暗地却放火烧仓，想害死舜。然不知凤凰浴火重生，于是在漫天大火中，人们看到一只凤鸟扶摇而上，奔天边而去。

舜井里真的锁着一条龙吗

据《孟子》等古籍记载，大舜年幼丧母，后母与弟弟多方迫害他。他们骗大舜淘井，然后落井下石，幸亏井下石壁有溶洞通外，大舜得以逃生。大舜也因此发掘出一处甘泉，人们称之为舜泉，也叫舜井。现在济南城内有一眼舜泉和一口舜井。舜泉在原南门里偏西的舜庙里；舜井在原南门里向北的"舜井街"路西墙下边，其实，舜井大有来历。

传说，济南发大水后，有一蛟龙趁机作乱。不知是哪位仙人（大禹或吕洞宾），把发水的蛟拿住，锁到舜井里，并在井上竖了一根粗粗的铁柱子，把粗如人手腕的锁蛟的铁链子从井中引上来，锁在铁柱子上，让蛟在井里好好"修身养性"。蛟问："我什么时候可以出去?"仙人回答："到铁树开花的时候，你就可以出去了。"铁树永远不会开花，意思就是被锁的蛟将永远不能重见天日。

多少年来，大家去舜井里提水，井上的铁柱子、铁链子都已生锈，铁链子照样垂在井里，可是从来没有人敢动。

济南的民俗特色

当你踏上征程的那一刻起，就是对自我与未知旅程的探索。来到一座新城市，你会发现，这里的饮食习惯、节日风俗、方言俚语、休闲娱乐可能与你所在的城市大不相同。济南就是这样一座会给你带来新鲜与乐趣的城市。

老济南人为什么要在立春"鞭春牛"？七月三十放河灯有什么寓意？老济南人相亲时都需要看什么？在老济南定亲之后就不能反悔了吗？这些与济南人息息相关的习俗，在这里我们都会一一介绍，愿你和我们从每一处生活细节里感知济南独有的城市气息。

济南的节日习俗

老济南人为什么要在立春"鞭春牛"

　　鞭打春牛的活动起源于中国先秦时的历史传说：古代东夷族首领少昊氏率民迁居黄河下游，要大家从游牧改学耕作，并派他的儿子句芒管理这项事业。句芒在去世前，采河边葭草烧成灰烬，放在竹管内，然后守候在竹管旁。到了冬尽春来的那一瞬间，阳气上升，竹节内的草灰便浮扬起来，标志着春天降临了。于是，句芒下令大家一起翻土犁田，准备播种。

　　是人都能听从句芒的号令，可是犁田的老牛却仍沉浸在"冬眠"的甜睡中，懒得爬起来干活。有人建议用鞭子抽打它们，句芒不同意，说牛是我们的帮手，不许虐待，吓唬吓唬就行了。他让大家用泥土捏制成牛的形状，然后挥舞鞭子对之抽打。鞭响声惊醒了老牛，一看伏在地上睡觉的同类正在挨抽，吓得都站起来，乖乖地听人指挥，下地干活去了。由于按时耕作，当年获得了好收成，原先以畜牧为生的人都乐于从事农业了。

　　后来，鞭打土牛逐渐成了人们判断时令及耕作的一个环节。到了周代，随着农业经济的发展，迎春鞭牛活动正

鞭春牛

式列为国家典礼。每逢立春前三日，天子开始吃素沐浴。到了立春那天，天子亲率公卿百官去东郊迎春，基本沿袭句芒的方式。预先塑制好和真牛一般大小的土牛送到东郊，确认迎来春天后，用鞭子抽打土牛，表示督它春耕。

在山东民间要把土牛打碎，越碎越好，以表示人们对春天的热爱。人们争抢春牛土，称为抢春，抢到牛头的最为吉利。人们将春牛碎片带回家，撒在牛栏内，认为可以促进牛的繁殖。

总之，这一活动表现了农民对一年收成的期待和丰收的愿景。

老济南人过年有什么讲究

春节是一年中最重要的节日，与现在过春节不同，老济南过春节是很有氛围的，什么时间该做什么事有一种不成文的规矩。那么老济南的春节到底有哪些讲究呢？

一进腊月门，伴随着零星的鞭炮声，老济南的年味便渐渐浓起来。随着日子一天天临近，人们也越发忙碌起来。先是忙着置办年货，无论是各式各样的吃食，还是衣服鞋帽都是必不可少的。新年就是要讲究新面貌。小年过后，人们开始"扫屋"。扫屋其实并没有那么简单，从锅碗瓢盆到墙角家居，任何一个细节都不放过，里里外外彻底清扫一遍。不仅是什物，人也需要清洁。人们都会赶在年前去澡堂洗个澡，寓意将一年不好的东西洗掉，来年会更顺利。男人还会去理个发，因为有"正月理发死舅舅"的说法。

到了大年三十这一天，是不能到人家串门的，也不能向人家借东西。除夕夜不能大声讲话，更不能说不吉利的话。饺子煮破了，要说"挣了"（寓意挣钱的意思）；如摔碎了盘子碗等家什，要赶紧说"岁岁（碎之谐音）平安"。年夜饭可以说是一年中最丰盛的一顿饭，也是重要的团圆饭。到了子夜时分也就是大年三十已过，那些讲究的家庭全家人要在摆好供品、位于正房门东侧的香台子前祭拜天地。然后再到影壁前、大门后燃香祭拜各路神祇。最后至正房，在祖宗牌位前按辈分依次向祖先叩头拜年。年初一一大早，拜年就开始了。人们穿新衣、戴新帽，旧时女人还戴绒绢花，向街坊邻居和亲朋好友拜年。过去晚辈给长辈拜年要磕头，平辈之间要相互抱拳拱手，说"恭喜发财"和"过年好"之类的吉利话。出嫁的女儿大年初一是不能回娘家的。还有，年初一不能吃面条，据说吃了面条一年麻烦不断；初一还不能扫地和倒垃圾，那样会将财气一起扫地出门。年初二，济南的传统是"回娘家"，出嫁的闺女、女婿及外甥们携带着礼物回家。女婿向岳父、岳母拜年，娘家人设宴热情款待。初三傍晚，送家堂，各家撤去祖先牌位，叩送祖先回去，年也过完了。但是俗话"正月里都是年"，所以年送完了，人们的热情还没减，一直到正月底才算完。

为什么把正月初五称为"破五"

正月初五有"破五"之说，"破"取"破其禁忌"之义。意思是到了初五，此前诸多规矩和禁忌即告解除。这一天，济南人家家都要包饺子，叫"捏破五"；阖家饮酒吃团圆饭，畅谈年事，忌说不吉利的话，还要燃放鞭炮再热闹一回。《清稗类钞》载："正月初五日为破五，妇女不得出门。"说明这一天不准妇女串门，串门不吉利。

民间还认为正月初五是财神的生日，因此"迎财神"成为这一天的重要主题。很多家庭会打开大门和窗户，放鞭炮摆宴席，吃象征"元宝"的饺子，向财神表示欢迎。

与迎财神相对应的另一项习俗就是"送穷"。这一天，乞丐们面涂朱色，身着戏衣，头戴无顶的破草帽，扮成"五穷官"，手拿大扫帚，挨门挨户扫大门外地面，曰"送穷"。人们施舍钱米食物，并以棍棒佯装追打，认为这样能将贫穷驱走。这个习俗盛行于唐代，唐代诗人姚合在《晦日送穷三首》中描述道："年年到此日，沥酒拜街中。万户千门看，

初五破五

无人不送穷。"送穷的日期有正月初三、初五、初六等几种说法。为了送穷，人们黎明即起，早早开始干活，放鞭炮、洗衣服、打扫卫生……希望以勤劳肯干、勤俭节约来治穷。因此，这也是百姓们祈求吉利、幸福的方式，意味着只要在新的一年里不辞劳苦、勤勤恳恳，便可过上好日子。

此外，据传初五这天也是牛的生日。此说法源于晋《答问礼俗》：正月初一为鸡，二日为狗，三日为猪，四日为羊，五日为牛，六日为马，七日为人。人们以正月初五这天的天气阴晴来占验当年犬猪羊马牛五畜是否兴旺。

老济南人怎么过元宵节

农历正月十五日，是我国汉族的传统节日元宵节。正月为元月，古人称夜为"宵"，而十五日又是一年中第一个月圆之夜，所以称正月十五为元宵节，又称为"上元节"。此时大地回春，作为春节的延续，留下很多特别的庆祝活动。

济南人民多于此日忙着"滚元宵"。滚元宵的方法是将做好的元宵馅分成指顶大的小丸，蘸水，放于盛有糯米面的簸箕中反复摇滚沾成元宵。煮好的元宵，不仅自己吃，还赠送邻里，互相品尝手艺，充满融融的乡土情。

在白天，济南的街头巷尾，到处是踩高跷的、跑旱船的、舞龙灯的、舞狮子的。人们把一些神话传说、历史故事以及强烈的爱憎和美好的愿望融入这种富有民族传统的艺术中，增加了节日的欢快气氛。

入夜，便是济南一年一度的元宵灯会。每到此时，各大公园、商店及大街小巷均挂满各式各样的花灯，宫灯、纱灯、鱼灯、花篮灯、跑马灯……光芒四射，美不胜收。

元宵节灯会

尤其一年一度的趵突泉灯会，更是独具特色。各式各样的花卉灯、鸟兽灯、走马灯、故事灯等或富丽堂皇，或古朴典雅，或灵巧别致，具有鲜明的地方色彩。人们在赏灯时还会进行猜灯谜等活动。

老济南人怎么过端午节

说到端午节，人们首先就会想到粽子和赛龙舟，这已经成为端午节的重要标志，也是全国各地为数不多相同的习俗。除了粽子和赛龙舟，老济南在端午这一天能做的事情还有很多。

端午节这天早饭前，要先饮一杯雄黄酒，饮雄黄酒据说可以杀虫害、避百邪。各家还会给孩子戴香包和在手腕上系上五彩丝线。香包是用棉织品和丝线绣成的，包里除了装些雄黄、苍术外，还要装香草配成的香料，戴在身上起驱虫除秽的作用。五彩线象征五色龙，系五色线可以降服妖魔鬼怪。人们还会将"五毒"形象的剪纸做成门符用来防瘟疫。

因为地域关系，偏北方的济南流行泛舟饮酒。据清道光二十年《济南府志》记载："五月，仲夏月五日，历之士大夫携酒泛湖作碧筒饮。"端午节这天，济南一些名士泛舟大明湖，聚会畅饮，作诗唱和。

济南人有采草药的习惯，据南朝梁代宗懔《荆楚岁时记》记载："五月五日，竞采杂药，可治百病。"人们往往在太阳出来前到田里、地里采摘车前子、紫花地丁、小麦苗、艾蒿等，装到箩筐里带回家，放在院子里晒干后挂起来，留着以后做药材用。这一天，家家户户起大早，在太阳出来之前，孩子带着毛巾到春草茂盛的地方，用毛巾沾草叶上的露水

端午节

擦脸，尤其是眼睛和耳朵擦得很仔细，据说可以耳聪目明，一年不害眼病。民间认为，大人用露水擦脸和胳膊，一年身体好；牲口吃了端午草，不得杂病。

除粽子这一端午特定食品之外，济南还有端午节吃艾叶煮鸡

蛋的习俗。这天一大早，家人便将新鲜的艾草放在锅里煮鸡蛋。鸡蛋熟时，蛋皮变成微绿色，带着微微的艾草香。采回来的艾草一部分用来煮鸡蛋；一部分插在门口以辟邪。除了插艾蒿外，部分地区还加插桃枝和柏枝。

老济南人怎么过清明节

清明是中国二十四节气中第五个节气。古人很重视这个节气，留下了很多有趣的习俗。

踏青，古时也叫远足或远游，现在则叫春游或郊游，它是清明时节的主要习俗。古代每逢这一天，人们聚亲约友，扶老携幼，乘大好春光到郊外游玩，然后围坐野宴，抵暮而归。济南山清水秀，风景优美，每到清明节，春光灿烂，风和日丽，人们南登千佛，北游大明湖，郊野、泉边，游人如织。这种春游的习俗，一直保留到现在。

扫墓习俗从秦代就开始了，汉代继承秦制未变。到了唐代，扫墓才固定在清明举行。唐代诗人白居易的《寒食野望吟》一诗中写道："丘墟郭门外，寒食谁家哭，风吹旷野纸钱飞，古墓累累春草绿。"就是描写郊野扫墓情景的。到了宋代，人们都在清明日拜扫祖墓，京都人士倾城出游，四野如市。在今天，清明节这天已成为人们缅怀英烈、悼念去世亲人的日子。

在济南，还流传着荡秋千的习俗。清明节这天，男女老幼，身着新衣在绿杨深处，或在街前广场，立木为架，上架横木，下悬二绳，绳下横系一板，人在板上可坐可立，手握两绳可前后上下飘荡，极富乐趣。相传荡秋千本是北方胡人的一种游戏。战国时期，齐桓公北征时，将这种游戏带到中原。汉、唐以来，多用在皇宫和显官贵族之家，后来才渐渐传到民间。

清明正是"绿柳才黄半未均"的时节。在济南，过去有插柳于门，妇女儿童头戴柳枝、柳球的习俗。据说这种风俗是为了纪念"教民稼穑"的神农氏，后来发展为纪念和表示长寿的美好愿望。如宋人赵鼎的《寒食》诗中"寂寂柴门村落里，也教插柳记年华"之句；农村有"戴个花

济南的民俗特色

185

活百八，插根柳活百九"的农谚。后来，戴柳的习俗渐被淘汰，而插柳、栽柳却盛行不衰。推而广之，演变成在清明时节植树造林。民国四年（1915 年），清明节被定为植树节。现在，每到清明前后，各地都开展植树造林活动。青青的杨柳，不但给大地带来生机，也寄托着人们无限美好的希望。

老济南人怎么过中秋节

中秋节是中国较为重要的传统节日之一，因恰值三秋之半而得名，又叫团圆节或月夕、仲秋节、八月节等。古代民间有诸多月亮的神话故事，如嫦娥奔月、吴刚伐桂等。八月十五正是圆月日，渐渐地，中秋节便以月为主题展开活动。老济南沿袭了各地的习俗，又有自己独特的元素。

关于老济南中秋活动的记载有清康熙三十一年（1692 年）《济南府志》："望日为中秋日节，设牲醴，陈瓜果，做月饼，布筵中庭以祭月。"中秋节是阖家团圆的日子，这一天，济南人一般都要在中午吃饺子，晚上全家人坐在一起吃团圆饭，在异地的男人必须在八月十五的晚饭前赶回家中。已分家在外单过的儿子也要携妻儿回到父母身边。济南人最在乎、最讲究的就是"团圆"二字，这天如有家人未能到场，老人会很不愉快，而不能在这天同家人团聚的人也会备感遗憾与愧疚。

月饼是中秋节最典型的食物，但在济南与月饼处于同一地位的还有"鲜货篓子"。旧时的济南人把水果统称为鲜货。买水果时买个用剥了皮的荆条编成的小筐篓，里边铺有红绿色的纸，上面放上水果，盖上筐盖，盖儿上再覆一张红纸，用麻绳捆好，这就是鲜货篓子。大的可装七八斤水果，小的也能盛个四五斤。一手提鲜货篓子，一手提两盒月饼，这在老济南是很体面的事情。

八月十五这天晚上，济南人家还要在院内摆设供桌，上面摆上月饼和各种水果等供品，焚香拜月、祭月。在济南的中秋供桌上，还有一件很特别的物品——"兔子王"，这是济南特有的中秋节物件。中秋节祭的就是这只月亮里的兔子。兔爷是泥做的，兔首人身，披甲胄，插护背旗，脸贴金泥，身施彩绘，或坐或立，或捣杵或骑兽，竖着两只大耳朵，亦谑亦谐。当拜月、祭月结束后，这件显得很神圣的物件就被请下供桌，成为孩子们手里的玩具了。当大人们赏月聊天时，小孩子就跑到街上拿着月饼和兔子王嬉戏打闹。

老济南人在重阳节都做什么

老济南人在重阳节这天，活动可谓是异常丰富，有登高、有赏菊、有逛千佛山庙会，还有饮菊花酒、吃重阳糕等。

每年的九月初九这天，济南的千佛山就会成为人们的首选登高地点，不管是男女老少，都会在这天不约而同地佩戴上茱萸，前往千佛山登高游玩。漫山遍野，菊花盛开，站在"赏菊岩"上观赏菊花便自然成了大家一大乐事。除赏菊外，济南人还有吃菊花的习俗：将白色的菊花瓣采下，蘸上面粉油炸食之；或者加肉类做成菊花火锅，配之以菊花浸泡的美酒，在山上野餐，真是别具风味。诗人朱照在《重阳节同人挈酒历山登高诗》中写道："闲招三两友，把酒醉南山。静喜高松下，香侵野菊间。"这首诗，正是古人重阳登千佛山的生动写照。

除登山外，过去济南人在重阳节这天，还要蒸枣糕吃。街上出售的枣糕，多用糯米和枣或小豆和枣做成，蒸熟后在街上现切现卖。居民家中做的枣糕，用一层面一层枣叠垒成塔形，用面捏成菊花形顶，蒸而食之，名为菊花枣糕。为什么重阳节这天要吃枣糕呢？因为"糕"和"高"同音，吃枣糕即有登高之意。至于为什么这一天要登高，据梁朝吴均《续齐谐记》载：东汉时有一个叫费长房的人，神通广大，能呼风唤雨，遣神捉鬼。有一天，他对徒弟桓景说："九月九日你家里将有灾祸降临，须早做准备。"桓景问："用什么办法可以免除这场灾祸？"长房告诉他："这天，你全家人各做一个红色布袋，装上茱萸，挂在胳膊上，再带些菊花酒到高山上去饮，即可避免这场灾祸。"桓景听了师父的话，在九月九日这天，全家人到山上度过了一天，晚上回家，才安全无事。从此，"重九登高，效桓景之避灾"遂相沿成习。

济南的民俗特色

老济南人七月初七都有什么乞巧活动

农历七月初七为"乞巧节",也叫女儿节。民间有"牛郎与织女在天河相会,喜鹊填河渡织女"的神话传说,是夜称"七夕"。旧时,济南"乞巧"活动十分盛行,济南一些剧院上演《牛郎织女》戏剧。此习俗随着科技与经济的发展,渐渐衰落。

这天晚上,妇女们,特别是少女,在院中摆上供桌,陈设瓜果、五色彩线和各种化妆品,唱着"天皇皇,地皇皇,俺请七姐下天堂。不图你的针,不图你的线,光学你的七十二手段",一起祭拜。七姐姐,即织女星;烧香磕头后,借着香火的微光,穿七孔针,先完者为得巧,故称乞巧。七夕乞巧,早在战国时期楚怀王时就开始了,据《考工记》的注释说:"以织女星之祥,因祭机之杼,以求工巧。"

乞巧节

因为七夕是牛郎织女相会的日子,人们想从织女那里求得更多的智慧和技巧,以织出更好的布来。传说,这天夜晚躲在葡萄架下,可以听到牛郎与织女相会时说的悄悄话;如果这夜下雨,那雨水就是牛郎织女相会时的泪水。

有的在桌案上摆一盆水,水里浸着瓜果。乞巧的人手里拿着一面镜子,谁把月光从镜子里映到水盆的瓜果上,谁就算得了巧。有的捉一只蜘蛛,放在首饰盒里。第二天早晨,观其结网之疏密或圆正,为得巧之多少。还有的于七月七日中午,把事前生好的"巧芽"(豌豆和绿豆)芽摘下来,投在水盆里。在太阳光下照影子,谁的巧芽影子像针、剪、花、鸟、虫等,谁的手将来就会巧。正像一首民间歌谣唱得那样:"巧芽芽,生得怪,盆盆生、手中盖。七月七日摘下来,姐姐妹妹照影来。又像花,又像菜,看谁心灵手儿快。"

济南的婚丧嫁娶

老济南人相亲时都需要看什么

封建社会男女"授受不亲"，强调"天上无云不下雨，地上无媒不成亲"，凡婚姻必须有媒人。做大媒的要权衡双方家庭状况，即所谓的"门当户对、八字相合"。在农村，为了便于生产活动，尤其注意身体要结实，有"眼色"，即眼里要看到活，两家相距大约不超过25公里的范围，以便经常走动。此外，还需考虑双方的品德、仪表等。

如果双方家庭初步有意，不要媒人牵线搭桥，由父母出面相看媳妇，俗称"相亲"。约定相看的时间、地点都是媒人联系的，一般多是赶集、去商店。行前双方的父母都要把当事人打扮一番，多由兄嫂、朋友、同事相伴，媒人暗中指点对象，父母或姑舅偷偷地相看未来的女婿或儿媳妇。相亲以后，双方父母已有了初步的印象，若同意继续进行，还有一道必不可少的程序，求女子的姓名、生辰八字。主要是为了占卜吉凶，看双方是相生还是相克的命，以进一步确定能否婚配，民间俗称"合八字""批八字"。

八字合婚是一种古老的占卜形式，是把婚姻的缘分归结为天意，这是一种唯心的宿命论观念，是封建的糟粕。男家测算八字相合有缘分，媒人再把男子的生辰八字带给女家，由女家测算核实。问名占卜，经双方家庭测核，吉祥无克，即可择吉定亲，完成了传统婚礼的第三道程序"纳吉"。年龄以女大为贵，忌女方大一岁，有"女大一，不成妻；女大两，黄金长；女大三，抱金砖"之说。经媒人说合（俗称"说媒"），双方父母有意即互换庚帖，亦称"换小柬"，庚帖上书写男女双方的生辰八字（用干支所记的年月日和时辰），两家均请算命先生"合八字"，如是"福命"，婚事就基本定下。也有的在互换小柬前先相亲，即女方家长先相看男方，男方家长再相看女方，双方家长中意后，再换小柬。

老济南人定亲之后就不能反悔了吗

当男女两家的婚事议定后，即行换大柬、下定礼，举行较隆重的定亲礼仪。换柬所用的印有金色龙凤和双喜字的大红书帖称龙凤柬。男家在书帖上书写着"敬求金诺"和"天作之合、福禄鸳鸯、天配良缘、百年好合"等四句吉语；女家在回柬上书写"谨遵玉音"和四句吉言为允婚。

然后，男方随同龙凤柬一起送去定礼，亦称"下聘礼"。定礼有首饰、衣物和喜点等，有4色礼或8色礼，通常备有礼单，均要雇人用抬盒抬着，由媒人带领送往女家，少数富有的官商人家，有的送12台至48台各色定礼。女家的回礼有靴、帽、衣料和文房四宝等。当双方换柬后，两家婚姻即正式订立，双方皆不能悔约。

老济南人结婚典礼有哪些程序

结婚典礼是婚礼中最重要、最出彩的仪式。其中包含的每一项程序都是为给新人祈福。在老济南具体有以下几项：

抱瓶跨鞍。人们在婚丧嫁娶等传统的隆重场合通过各种物品、事项，利用象征、谐音等途径创造和使用口彩，以讨得吉利。如过门儿的新媳妇要怀抱"宝瓶"或手拿苹果、跨过马鞍，谐音"平""安"，寄托婚后一家人幸福平安的愿望。

跨火盆。婚礼上，当新娘要进婆家门时，婆家人会在门外点燃一小堆柴草，或点燃一盆炭火，让新娘跨过去，以驱除秽气。在泰安，接新娘的花轿一落地，就有两个小男孩手持麻秆扎成的火把，绕着轿子燎三次，称为"燎轿"。现在的跨火盆已经改变了意义，象征着婚后的日子过得红红火火。

跨火盆

拜堂。拜堂是婚礼中的高潮。旧时农村大多在自家小院拜堂。男家事先在院中央或正屋门前摆设桌案，放置装满高粱的升或斗，蒙上红纸，还在桌上放置点燃的红蜡烛等。各地拜堂时放置的物品不同，但基本上都是象征将来过上好日子的物品。迎亲花轿落在院门外，鼓乐大作，鞭炮齐鸣。新人下轿后踩着红毡走入院中，并列站在端坐的父母面前，按照司仪主持进行"一拜天地""二拜高堂""夫妻对拜""交换信物""入洞房"等仪式。

闹洞房。新人进了洞房，男左女右在婚床上坐定，称为"坐床"或"坐帐"。接下来的仪式是"撒床"。按照一定的方位顺序，将红枣、栗子、花生、桂圆、核桃等象征"早立贵子""儿女双全""和睦体贴"等吉祥祝愿的食品撒到新人身上和床上，撒帐的时候要唱吉祥的"撒帐歌"。还有两项重要仪式，一是掀盖头，二是同饮交杯酒。掀盖头的时间有的是在典礼上，有的是在洞房里，有的则是在晚上洞房花烛时；新郎掀盖头有的是直接用手，有的是用秤杆，暗含"吉星合到大吉大利"。旧时喝交杯酒是用同一个葫芦分成的两个瓢饮酒，现在多为夫妻二人交臂而饮，有"相亲相爱、同甘共苦"之意。闹洞房时，众多年轻人聚集一堂，不分长幼辈分，想出来很多办法戏弄新人尤其是新娘。

老济南人"回门"时有什么讲究

回门又称"归宁"，即"回娘家"。春秋时期就有回门之俗，后代沿袭至今。回门时，旧俗规定新娘走在前面，返回男方家时，新郎走在前

济南的民俗特色

191

面。回门是新婚夫妇真正意义上的第一次回娘家省亲，夫妇二人需双双对对参拜女方父母，这是一种必不可少的礼节，新郎见到岳父岳母应改口称为父母。

回门的时间不一定，有的结婚第三日、第六日或第七、第八、第九日，也有满月回门省亲的，但大部分都会选择婚后第三天。新郎在岳家被称为"贵客"，新郎要去岳家祖先的神位前行叩头礼，再向岳家长辈们行礼，岳家应当设酒宴招待，这就是回门宴，新女婿入席上座，由女族尊长陪饮，就餐时，新娘要陪着新郎一一向父母、亲友和邻里敬酒，感谢大家对自己新婚的祝福。由于"回门"是新婚夫妇一块儿回门，故称"双回门"，在"双回门"后，一般不准在岳家过宿，必须当日返回男方家，因为旧时有新婚一个月内不空房的风俗，谓之"躲瞌睡"。婚后第六天，新郎新娘再次同去岳家，俗称"六日遛腿"。第九天和第十二天，再去岳家，新娘一人可以在娘家住一夜，也有的人家必须一个月后，新娘方可一人回娘家"住对月"，并有"一月不空房"之说。婚后第七天，新娘开始做衣服、鞋袜等针线活。住对月时，要把裁好的衣料带回娘家去做，其中必须要给新郎做一条裤子。

老济南人报丧时有哪些讲究

在停柩一段时间之后，诸事准备就绪，就要选日子报丧。报丧可以说是人死后的第一仪式了。报丧仪式早在周代的时候就已经形成了。它用发信号的方式把有人逝世的消息告诉亲友和村人，即使已经知道消息的亲友家，也要照例过去报丧。

向亲友、街坊邻居家报丧也有讲究。城市里的富裕人家，多是先发出请知帖，在亲友中请人协助办理丧事。办理丧事的有总理总管丧务，另有内柜、外柜、管厨、知宾等。总理差人给亲友送"长班条"和讣闻，讣闻格式要求称谓得当，旧时的丧葬讣文是比较严格的。人死了以后，亲属就要把消息告诉给亲友。报丧用的讣闻，一般只写亡人生前的官衔、品级，不写亡人的履历和生平事迹。比如：不孝某某等罪孽深重，不自殒灭，祸延显考，某大夫，其府君，痛于某年月日时寿终正寝，距生于某年月日时，享寿若干岁，不孝某某侍在侧，亲视含殓，遵礼成服，谨择于某年月日安葬，叩在乡、学、世、寅、戚、谊、衰此讣闻。某日接三，某日噀经。最后要在讣告结尾写上"孤子某某泣血稽颡"之类的文字。

具名皆为男性，父亡称"孤子"，母亡称"哀子"，父母皆故称"孤哀子"。有的官商之家还随讣闻发出"哀启"和"行状"。哀启是由孝子具名详述死者生平、嘉言懿行的启事；行状是请名人为死者撰写的传记，用以征求诔文、祭文、碑文等。丧家的大门和屋门，均斜贴一白纸条，称"封门"。再用2尺长的秫秸夹几张火纸，插在大门框上。男丧插在左方，女丧插右方，称"出单旐"，以示家有丧事。

老济南人为什么要哭丧

哭丧是中国丧葬礼俗的一大特色。哭丧仪式贯穿在丧仪的始终，大的场面多达数次。而出殡时的哭丧仪式是最受重视的。出殡的时候必须有全体后代尤其是男人们"唱哭"，否则按照民间旧俗就会被视为不孝。有些地方甚至出现了职业性的哭丧夫或哭丧妇，收入不菲。

从形式上来看，现代民间哭丧歌，亦即挽歌可以分成三类：一是"散哭"；二是"套头"；三是"经"。散哭的特点是"随心翻"，想到什么就哭什么，搭着什么就唱什么，没有限制。其内容主要是倾诉对死者的思念之情，自责对长辈的不孝，悲叹自己的苦难身世。至于套头，是有内容限制的。主要有"抱娘恩""十二个寻娘""十二月花名"等。哭的时候是哭别人的好处，诉自

哭丧

己的苦楚。"经"是结合丧葬仪式来唱的。病人死后,由女儿或者媳妇唱"买衣经""着衣经",如果死者是女性,女儿还要给母亲唱"梳头歌"等。哭的时候还有许多禁忌,比如眼泪不能掉到死者的身上等。其实,哭丧主要是为了倾诉自己对死者的思念之情,另一方面也是通过痛哭来缓解家属悲痛的心情。

老济南人丧服需要穿几天

着丧服,俗称"戴孝"。

死者家中成员身穿白布袍,鞋上缝白布盖鞋帮,分别谓"孝衣""服鞋",统称"破孝",儿女侄孙均戴孝,死者之子、妻子和未婚的女儿,要在孝衣外披麻巾、扎麻绳,男子戴白帽子,用四方布折成帽子(大约和粉刷工人折的那种相似,不高)。耳旁垂下白绳,拴着制钱(铜钱)和白棉花,只有儿子们有,这可能叫唐巾子。孝子头戴白布堂巾,上加麻梁冠,堂巾旁坠两个棉花球,如父尚在的在右边钉,母尚在的在左边钉,表示极端哀痛,塞耳不闻外事。孝妇孝女头扎白布(称白袼子)和白头绳,女子戴长袼子,很长的白布条缠住头发,在后头别住。丧服只穿到出殡完了,也就只有三天。

旧时的丧服制度,以亲疏为等差,有斩衰、齐衰、大功、小功、缌麻五种,统称"五服"。衰杖,用白纸条裹住,长子长八寸,次子长一尺等。

斩衰为最重的丧服,服期3年;齐衰次于斩衰,服期1年;大功服期9个月,小功服期5个月,缌麻服期3个月。此后守孝,也叫持服,为母亲守三十六个月,为父亲守一年半。儿女服孝期为3年,侄孙辈服孝1年。其间穿素衣、白鞋,子女在1年内不得剃头理发和化妆,称"哀戚毁容"。家中3年内过年不贴春联等,至少不能穿大红大绿的衣服。在最初的三年中,遇到忌日必须上坟。此后可以去,也可以不去。但若是某年没有去,此后忌日就不能去了。

济南的休闲娱乐

老济南人耍傀儡子是什么活动

木偶戏，老济南人称之为"耍傀儡子"。中国的木偶戏始于汉代，发展于唐代，流行于明代，主要有布袋木偶、提线木偶、杖头木偶、铁枝木偶、药发木偶，济南街头上上演的木偶多为布袋木偶，艺人挑着长扁担，一头是小舞台，另一头是圆笼，内藏着各种木偶和道具。艺人手提大锣，敲着锣点儿，满街招揽观众。表演时，艺人先要用扁担支起小舞台，台下有很长的蓝布筒子，表演者藏身其中，台上有"出将入相"的小门场，表演者口衔竹哨，做"丢丢"之声，渲染气氛。木偶人穿戴的服装与真人舞台角色化妆无异。艺人以小锣略衬节奏，自己唱、念、奏。

那时的节目丰富多彩，常演的有"三娘教子""秋胡戏妻""猪八戒背媳妇""王小儿打老虎"等。小舞台上生旦净丑各有专工，很多身段姿态逼真，孩子们看得最为入神，大人们也被吸引入迷。济南人还把玩木偶戏的叫"耍呜丢丢的"。

济南泥塑用泥有什么特点

济南泥塑是济南民间传统的一种雕塑工艺，泥塑的基本用料——泥土需精心准备，一般选用带些黏性又细腻的土，经过捶打、摔、揉，有时还要在泥土里加些棉絮、纸或蜂蜜。泥塑的模制一般分为四步：制子儿、

泥 塑

翻模、脱胎、着色。制子儿就是制出原型，找一块和好的泥，运用雕、塑、捏等手法，塑造好一个形象，经过修改、磨光、晾干后即可，有些地方还要用火烧一下，加强硬度。翻模就是把泥土压在原型上印成模子，常见有单片模和双片模，也有多片模。脱胎就是用模子印压泥人坯胎，通常的是先把和好的泥擀成片状，然后压进模子，再把两片压好泥的模子合拢压紧，再安一个"底"，即在泥人下部粘上一片泥，使泥人中空外严，在胎体上留一个孔，使胎体内外空气流通，以免胎内空气压力变化破坏泥胎。最后一道工序是着色，素有"三分塑，七分彩"之说。一般着色之前先上一层底色，以保持表面光洁，便于吸收彩绘颜色，彩绘的颜料多用品色，调以水胶，以加强颜色附着力。济南泥塑艺术也因此得以逐步发展。

泥塑的种类很多，其中包括寺庙神像如大明湖"北极阁"神像、灵岩寺一山门"金刚力士"、千佛山神像、博山"白石洞"十六尊神像；历史名著如《水浒传》《三国志》《红楼梦》等大型彩塑系列；历史名人如增子、墨子像等。还有泥玩具供奉品"兔子王"。

济南泥塑不仅仅是来源于民间的一门传统艺术，更为重要的是，它是一种文化的载体，它从独立的视角承载了上下九千年的人类文明史。可以想象如果今天在我们的生活中没有泥塑艺术，我们的生活还能那样优美吗？在所有的城市雕塑中，如果没有泥塑的存在，城市还有它标志性的特色吗？这就是泥塑赋予的历史化价值。泥塑作品的种类繁多，每件泥塑作品都有其来历和传说，这使泥塑有了更深的文化含义。

鼓子秧歌是为庆祝什么发明的

中国有着历史悠久的乐舞文化，尤其是各民族的民间舞蹈，更是源远流长。而济南的鼓子秧歌更是在中国民间舞蹈中占有重要的地位。

鼓子秧歌最初发源于济南商河县，有 2000 多年的历史，据记载汉鸿嘉四年（公元前 17 年）河堤都尉许商开凿商河，筑河竣工民众自发鼓伞齐舞以示庆贺。鼓子秧歌是当地民间为庆丰收而载歌载舞的一种民间艺术形式。每年的元宵节，是鼓子秧歌演出活动的高潮日。秧歌队伍庞大，人数众多，角色各异，锣鼓齐鸣，热闹非常。

鼓子秧歌

清朝吴锡麟在《新年杂咏抄》中写道"秧歌，南宋灯宵之村田乐也。所扮有耍和尚、耍公子、打花鼓、拉花姊、田公、渔婆、装态货郎、杂沓灯术，以博观者之笑"。可见，秧歌角色构成丰富多彩。其实商河鼓子秧歌旧时的表演形式是集歌、舞、丑于一体的。表演时先舞后歌，歌者不舞，舞者不歌，丑角在歌舞间插科打诨。经常演唱的歌曲有《哈尔虎》(也称《摇葫芦》)、《打岔》《鸳鸯嫁老雕》《馋老婆吃狗》《大观灯》《小观灯》等。内容多以民间故事、历史传说、人际关系、日常生活为主，富有浓郁的乡土气息和生活情趣。

山东快书有几大派系

山东快书起源于清朝道光年间，它的击节工具最初是"瓦片子"，之后逐步发展为竹板、铁板加竹板、钢板、铜板。早期因主要演唱武松故事，武松排行第二，故称"武老二"，演唱者俗称"唱武老二的"。又因为书中武松身躯高大，所以这种艺术形式又叫"唱大个子的"。直到 1949 年 6

济南的民俗特色

月，高元钧在上海大中华唱片厂录制唱片时，才正式定名为"山东快书"。

随着山东快书队伍逐渐壮大，创作繁荣，演出普及，表演技艺日趋

山东快书

精湛，逐渐发展出艺术风格相对独立的几大艺术流派，一支是擅长贯口、俏口，以杨立德为代表的杨派，杨派主要流布在山东省境内，以台风亲切，表演自然，韵诵紧凑，动作简练为主要特征；另一支是由戚永立传承至高元钧，表演风趣生动的高派，主要活跃于北京及全国各地驻军中，影响最为卓著。高派山东快书以台风潇洒大方，表演夸张俏皮，韵诵富于变化，具有舞台曲艺演出特征；还有一支就是套词丰富，刻画人物细致入微的傅派，据传傅派山东快书创始人傅永昌一直使用的击节工具为"四页竹板"，也称"四块瓦"，两大两小，左手持小板，右手持大板。伴奏套路非常丰富，而且声音清脆悦耳，有强烈的穿透力，听起来时而轻巧流畅，时而气势非凡，特别适合广场演出，淋漓尽致地把山东快书粗犷豪爽的风格表现出来。

因为各派风格各有不同，业内流行着这么一句话——"高派的架子，杨派的口，傅派的词。"所谓各取千秋。

老济南侯氏社火脸谱有什么不同之处

提到脸谱，大家会立刻想到那一张张五彩斑斓、充满戏剧性的京剧脸谱，而一提起社火脸谱，很多人却不知道。在古代，这可是我国民间流传最广泛、谱式内容最为丰富的脸谱形式。

侯氏脸谱

社，即土地之神，火，即火神，能驱灾避邪。社火，就是春、秋两季期间的歌舞祭祀活动，意在祈求风调雨顺、五谷丰登、国泰民安、万事如意。而社火脸谱，是从古代"假面""涂脸"发展而来的，被誉为最古老的脸谱。侯氏社火脸谱正是由古时众多庙会上祭祀时的扮脸演变而来的，始于1820年，由老济南府历城郡的老先生"脸谱侯"制作，如今已经传到第六代。尽管全国各地都有社火脸谱，但侯氏社火脸谱却独具泉城特色，在绘制的内容上脸谱主要有山东济南、泰安当地民间崇尚的保护神：关公，禄神，财神，钟馗，泰山石敢当，碧霞元君（泰山奶奶），姜子牙，秦琼，寿神，喜神，吕洞宾、铁拐李等。除此之外，第六代传人侯志新还从大舜祠获得灵感，制作出了大舜脸谱，他还说"济南的泉水也是我的创作源泉，像我在做图案的时候，会加入水纹的元素"。

侯氏社火脸谱的颜色以黑红两色为主，黑色的墨汁与红色的朱砂，让侯氏社火脸谱不仅庄重素雅，还有特别的震撼力。制作材料主要为葫芦、木板、丝绢、皮革等，是纯手工制作的。侯氏社火脸谱不仅表达了祈福辟邪等美好寓意，而且传承了浓郁的齐鲁文化，被誉为济南一绝。

相声是什么时候在济南兴起的

我们都知道相声产生于北京，但您知道它什么时候在济南兴起的吗？

相声是20世纪20年代传入济南的。20年代，济南曲艺曲种交流频繁，地方曲目繁多，已有"书山曲海"之誉。进入30年代，商埠区的经二路"青莲阁"成为火爆的曲艺演出场所，外地曲艺名家纷纷来济南献艺，促进了济南相声的迅速发展。

相声在济南的兴盛，以1943年9月2日晨光茶社的开业为标志。晨光的创始人之一孙少林，与侯宝林、张永熙并称"北侯南张中少林"。据说当时的相声名家如侯宝林、张寿臣、马三立、吉坪三、周德山、刘宝瑞、郭全宝、白全福、刘桂田、高德先、王世臣、孙宝才、阎笑茹、高笑林、刘中升、善宝林、连秀全、张宝屿、王长友等都来过晨光。在当时，晨光茶社是两个门的，一个专供观众进入的门，另一个是专供观众出去的门。在观众进门的时候，要领一张纸条，上面盖有年月日几点几分进入，然后就可以安心地听相声了。等观众听腻了，从出口看表计时，看该多少钱交多少钱。当时大概是 10 分钟两分钱，这样计时收费绝对锻炼演员，要是演得不好，观众可就出去了，人家多待一分钟多花一分钟的钱。所以演员都铆足了劲儿演，故而相声大会火爆异常。

当年，全国各地的相声演员都要到济南晨光茶社来"拜码头"。晨光茶社与北京的启明茶社并称南晨北启，是当时全国最有人气的相声大会。晨光的演出不似今天的演出形式。它是由一个相声演员说一段单口开场，说完了却不下台，而是等另一位演员上台合说一段对口相声，前一位下台，后来的再说一段单口，再等下一位演员上台合说对口的，以此类推，直到相声大会结束。

老济南人打形意拳有什么功效

形意拳是中国古老的传统拳术，它和八卦掌、太极拳、少林拳并称为武林四大名拳，又与八卦掌、太极拳并属三大内家拳系，在中华武术史上占有重要地位。

济南形意拳是形意拳中的重要流派之一，以稳捷扎实、舒展明快、严密紧凑见长。它以中国古典哲学阴阳五行学说为基础，神形并重，道、体、用、艺兼备，拳理、道理、医理相互贯通，达到精、气、神与形体高度结合运用。济南形意拳具有三大功效，一是强身健体，延年益寿，提高人的生命质量；二是具有防身自卫和较高的攻防艺术；三是达到改善精神气质，

形意拳

提高思想境界的目的。

济南形意拳的初期可追溯到 1930 年左右，形意拳的代表人物李应勋、李玉琳、马耀南、马方侯先后传教形意拳。到 1980 年后，随着国家大力提倡挖掘发展中华武术文化，李应勋先生的徒弟高医俗、李静轩、罗本祺、朱蕴山等先生，率先在济南开办辅导站传授形意拳，使济南形意拳队伍不断得以发展。现在，济南形意拳已成为济南武术的重要组成部分。

鼓鼓珰子是什么样的玩具

鼓鼓珰子是旧时济南人常玩的一种玻璃玩具。有个细长的脖子，下面是个半圆的球形，底部是平的，从外形上看很像葫芦。上口可以放在嘴上吹。吹的时候发出"咕嘎咕嘎"的声响。鼓鼓珰子的叫法很多，有的根据响的声音，叫成"噗噗噔"；还有叫成"扑扑噔"的；也有叫成"响葫芦"的；还有叫成"倒掖气"的。

"噗噗噔"至少在宋代就已经出现了。宋代有位擅长婴孩画的宫廷画家苏汉臣，生活于北宋与南宋的交会时期。曾担任过北宋宫廷画院的待诏，后又在南宋宫廷画院任职。曾画过一幅《货郎图》，里面就出现了孩童吹"噗噗噔"的画面。画里描绘了十六个儿童和两个货郎。不仅货郎的车上挂满了雉鸡翎、拨浪鼓、风车、风筝、刀、枪等玩具，孩子们的手里也玩着各自不同的玩具。其中在右上角有个穿红衣服的孩子，手里吹的就是一个"噗噗噔"。这幅画现存于"台北故宫博物院"。无独有偶，在南宋画家李嵩画的《货郎图》里也出现了"噗噗噔"这个玩具。从这些画中可以看出，"噗噗噔"这一古老的玩具，在那个时候已经非常流行，至今已有千年的历史。

真正见诸文字记载的，是明朝的刘侗和于奕正合写的《帝京景物略》，在该文中记载："东之琉璃厂店、西之白塔寺，卖琉璃瓶，盛朱鱼，转侧其影，小大俄忽。别有衔而嘘吸者，大声唝唝，小声嗺嗺，曰'倒掖气'。"书中还有一首儿歌："倒掖器，如瓯落阶瓶倒水。匀匀呼吸吹薄纸，吸少呼多瓶脱底。藏爹钱瞒爹眼里，迷糊琉璃厂甸子。儿迷糊，倒掖器，爹着汗，嬷着泪。"这首儿歌的大意是：吹起倒掖器，它发出的声音就像瓦盆掉在台阶上或往小口瓶子里倒水的声音一样。这玩意儿像纸一样薄，不结实，所以吹的时候必须均匀地鼓气吸气，一不小心就会将底吹掉了。正是由于其易碎的特性，对小孩可能造成伤害，随着越来越多各式各样的玩具引入人们生活，鼓鼓珰子这一济南传统玩具已经绝迹了。

济南人的方言俚语

老济南方言俚语有什么特点

济南已经有 8000 年的历史，济南先人们在这方肥沃美丽的土地上辛勤地耕耘收获。在长期的生活中积累丰富的经验，语言就是其中最为值得骄傲的经典。老济南话有自己的特点、有自己的传统、有自己的系统。

济南方言属于北方方言中山东西齐区方言。济南方言吐字清楚，语音正直，不撇不艮，易听易懂。男子讲话浑厚，女子讲话柔和，既不是特别好听，也不难听，在国内各地方语言中与普通话较为接近。有人把济南话的特点概括为：简、直、硬、古、嘎，是有一定道理的，实际上，济南话的特点与济南人的性格有关，他们豪爽耿直，日常语言交流当然也坦诚相见、毫无戒备之心，所以无须转弯抹角；一是语调直，少有抑扬顿挫；二是吐字艮，硬邦邦的，很少含糊不清；三是嗓门大，声若洪钟，掷地有声。所以说济南话的特点是厚实、简练、生动、形象最为妥当。

济南有哪些方言与普通话字一样意思不同

普通话中的某些字放到济南话中就"变了味道"。如"冷"字，又可写作"楞"或"棱",是谐音导致字形不一致。这个"冷"字在普通话就是形容词,表示温度低,但在济南话可不是这个意思,在济南"冷"字是家喻户晓的,也是意义、用法最接近普通话中"很"字的济南方言程度副词,但其所表达的语气比"很"更强烈一些。"冷"修饰的中心语不区分感情色彩,无论是褒义、贬义,还是中性词,一律可受"冷"修饰。比如:隔壁老李家的孙女长得冷漂亮。如果感觉语气不够强烈,还可以将语句重叠,如可改成"隔壁老李家的孙女长得冷漂亮冷漂亮的"。

还有"杠"字,又写作"刚"。这个程度副词算是最具济南特色了,它通常用于感叹句,对后面形容词的感情色彩也不做特殊要求,还可接动宾短语。比如:你这个人杠赛来。这个"杠赛来"是济南人在用"杠"字时最常用的搭配,也是外地人对济南方言词最鲜明的印象。"赛"字分两种情况:一是用于褒义,二是"好玩""有意思"之意,如"这个孩子杠赛玩儿来",就是说"这个孩子很好玩儿,很讨人喜欢";也多适于朋友之间的客气话。

还有"乔",这个程度副词与之前提到的"冷"和"杠"有所不同,它多用于形容人的主观感受和心理活动,并且是不好的感受,常见搭配有"乔冷、乔热、乔难受、乔累"。

济南话中有哪些固定的物品叫法

在济南,有些物品有独特的叫法,如:包子有大、小之分,水饺俗称为小包子,蒸包俗称大包子,平常大小包子的叫法根据场合而定,一般情况下并无"大、小"叫法之分。把"厕所"称为"茅房",把"理发"称为"剃头",把睡觉用的"枕头"称为"豆枕"。济南人习惯于把"收音机"称为"戏匣子";把"玻璃球"称为"溜溜蛋儿";把"气球"称为"洋茄子","鸡蛋"不叫鸡蛋,叫"鸡子儿";"红薯"不叫红薯,叫"地瓜";"花生"不叫花生,叫"长果";"馒头"不叫馒头,叫"馍馍";"油条"不叫油条,叫"果子";"玉米"不叫玉米,叫"棒子";"土豆"不叫土豆,叫"地蛋";"香菜"不叫香菜,叫"芫荽";"山楂"

不叫山楂,叫"酸楂";"酱油螺蛳"则俗称为"蛤喇蛐子"。虽然,如今此类叫法在公共场合已不多见,但在小巷深处和民间仍能时常听到。

济南方言是怎么形成的

济南方言的形成一方面与济南这座城市自古至今的历史文化、经济地位分不开。在现代济南话中,依然保留着许多古汉语中的词汇和语音,如宋代的"夜来",明代的"崴拉""倒达""仰摆"等,至今仍鲜活地活跃在济南人的口头。一些古代少数民族的语词和外来语在济南话中更是俯拾皆是。如"赛(蒙语,好)""关饷(满语,发工资)"等。济南话中有一个描写动貌的词语,叫"固踊",用来表示动作范围、幅度都很小的那种动弹、蠕动的样子,可以用于人,也可以用于动物、昆虫。譬如:"那虫子没死,还固踊哩!"再如:"你坐就坐好,固踊嘛?!"好多外地学者都认为这是个土词,其实,这个词是个古词,最早是描写"虫行貌"的,在《集韵》中有两处可考。把食品饮品等物放在冷水里使之变凉,济南话是"湃"(济南话读:拔),实际上,这个词是明清时的常用词,《红楼梦》《金瓶梅》中屡被应用。

另一方面济南方言不断更新,吸收新词,济南人对舶来品俗称洋货,所以就有了洋火、洋油、洋车、洋白菜(卷心菜)、洋柿子(西红柿)的叫法。

为什么济南人喜欢称别人为老师

如果你去济南就可能会有人管你叫"老师",不管你的职业是不是老师,这是济南独有的,在山东其他的地方不是,山东一般称呼陌生人为师傅、大哥、大姐、伙计等,那么为什么济南人喜欢称呼别人为老师呢?

原来这是一种习惯,也可以说是一种文化。据山东省民俗学会名誉会长李万鹏解释说:"老师儿"是济南一种独特的民俗文化,从新中国成立初期开始，伴随着工商业的发展，原有的一些称呼如"小姐"等，有些不符合社会环境了，此时"老师儿"作为一种对人的尊称，在众多称呼中脱颖而出，从特殊行业里对比自己有经验的人的尊称，逐渐演变成一个通用的称呼语，很快在济南的市民阶层中流传开来。

山东省文学艺术界联合会主席邹卫平也表示：儒学文化讲究尊师重教，逢人称呼"老师儿"是儒学文化底蕴的自然流露，这种称呼方式非常礼貌，在老师后面加个"儿"字显得称呼更具亲和力，加深了与传统意义上老师的区别。

附 录

名胜古迹
TOP10

趵突泉

趵突泉居济南七十二名泉之首，被誉为"天下第一泉"，也是最早见于古代文献的济南名泉。趵突泉有文字记载的历史，可上溯至我国的商代，长达3543年。趵突泉是古泺水之源，昼夜喷涌，水盛时高达数尺。所谓"趵突"，即跳跃奔突之意，反映了趵突泉三窟迸发，喷涌不息的特点。

灵岩寺

灵岩寺始建于东晋，距今已有1600多年的历史。自东晋开始创寺，佛图澄的高足僧朗在此建寺。最盛时有僧侣500余人，殿宇50余座，形成规模宏大的古建筑群。该寺历史悠久，佛教底蕴丰厚，自唐代起就与浙江国清寺、南京栖霞寺、湖北玉泉寺并称"海内四大名刹"，并名列其首。

千佛崖石窟

千佛崖石窟依山而建，利用天然溶洞雕琢而成，洞口朝东，明代石券门额嵌"千佛古洞"楷书石匾。千佛崖石窟共雕有1000余尊佛像，沿石窟中洞壁分层排列，大小不一，形态各异，形神兼具，栩栩如生。这些石造像面相长圆，直鼻小口，双目微启，俯视众生，身着袈裟，右肩覆偏衫，双领下垂，绝大部分结跏趺坐于莲座之上，手结禅定、说法等印。洞中可分上、中、下三洞，于历史的尘封中隐透出当年的艳丽光鲜。

济南府文庙

济南府学文庙坐落于济南市历下区明湖路248号，北临大明湖，临近芙蓉街等老城街巷。济南府学文庙的主体建筑大成殿，坐北面南，是济南市域范围内最大的单体古建筑。济南府学文庙创建于宋熙宁（1068—1077年）年间，元末倾塌，明洪武二年（1369年）重建。整个建筑群在一条中轴线上对称展开。从现在保存下来的影壁、南门、泮池和大成殿四座建筑物上，仍然可以依稀分辨出当年的气势。

房彦谦墓

房彦谦墓位于济南市历城区彩石乡东北的赵山之阳，有东西冢墓两座：东冢为唐陇西李氏清河郡夫人墓、西冢为唐开国名相房玄龄之父房彦谦墓。唐贞观三年（629年）因其子房玄龄有大功于唐，被追赠为徐州都督，四年后又追赠为临淄公，谥曰定公。墓高5米，直径15米。墓前矗立着唐代著名书法家欧阳询书写的《房彦谦碑》一幢，为山东境内现存的初唐刻石珍品，是我国古代宝贵的文化遗产，弥足珍贵。

李清照纪念堂

李清照纪念堂坐落于百脉泉畔，始建于1959年，1999年进行了较大规模的扩修，现今面积4000余平方米，是典型的宋代建筑。李清照是封建时代为数不多的女词人，深受中国人民及世界人民的喜爱。李清照纪念堂是目前全国规模最大、内涵最丰富、功能最齐全的名人纪念堂。纪念堂前院门楼是一座飞檐圆顶的四柱抱厦，双脊比翼，颜额挂有牌匾。牌匾题字为1959年郭沫若题写。

辛稼轩纪念祠

辛稼轩纪念祠位于济南市大明湖南岸遐园西北侧，又称辛弃疾纪念祠。整个祠堂幽雅静谧，花木扶疏，堪为游人必到之处。原址为清光绪三十年所建的李公（李鸿章）祠，1961年修葺改为辛稼轩纪念祠。祠堂坐北朝南，为民房建筑形式。大门正中悬挂"辛稼轩纪念祠"匾额，为陈毅所书。东西房悬挂辛弃疾词作、配画，过腰门两侧均为抄手游廊，正厅为卷棚顶式。厅前抱柱楹联"铁板铜琶继东坡高唱大江东去，美芹悲黍冀南宋莫随鸿雁南飞"为郭沫若手书。

解放阁

解放阁是泉城济南的著名景点，位于原济南旧城城墙东南角，黑虎泉东侧，隔护城河与黑虎泉相望。阁址为1948年9月24日济南战役中国人民解放军攻克济南时的攻城突破口处。后旧城城墙因城市建设而拆除时，济南人民特意在这里的旧城址上，建起了巍峨壮观的解放阁，以纪念济南解放。站在解放阁上，人们既可凭吊先烈英雄，又可俯瞰黑虎泉景致，饱览泉城风光。

水帘峡风景区

水帘峡风景区位于济南市历城区的柳埠镇，景区地跨济南、泰安两地，是济南最大的原生态风景旅游区。以高山、险峡、山泉、瀑布、泰山奇石、桃花水母著称，内有济南最高峰、最大的峡谷和省内最大的天然瀑布群，是泉城济南的水源涵养地，素有"泉城之巅、趵突之源"的美誉。景区既有北方山水的雄浑，又有江南园林的雅致，景色堪称一绝。

朱家峪民俗村

朱家峪村经600余年沧桑，仍较完整地保存着古桥、古道、古祠、古庙、古宅、古校、古泉、古哨等建筑，上下盘道，高低参差，错落有致，既有被誉为"现代立交桥原型"的康熙双桥，又有600年前的古道，还有互应式道观文昌阁与魁星楼、关帝小庙、朱氏家祠、坛桥七折等人文自然景观300余处，古朴文雅，弥足珍贵；被专家誉为"中国北方山村的活百科全书"。

名山胜水 TOP₁₀

华 山

华山地处济南市东北角，为泉城第一名山，居"齐烟九点"之首。华山地处济南市东北角，平地突起一峰，宛如一把利剑拔地而起，山南边有济南市规模最大的古建筑群——华阳宫，占地 9 万平方米，周围池塘遍地，是典型的近郊型山水旅游场所。每当秋日，天高云淡，大雁南飞，层林尽染，景色更加奇绝。

千佛山

千佛山是泰山的余脉，位于济南市区核心，与趵突泉、大明湖并称为"三大名胜"。海拔 285 米，自然风景优美，名胜古迹众多。舜帝为民时曾耕种于历山（千佛山），隋代开皇年间镂刻 130 多尊佛像，始为佛教圣地，千佛山也由此成为世界唯一兼具帝王文化和佛教文化的名山。千佛山上的万佛洞集中国各大石窟精华于一身，来到这里可以充分领略隋唐至北魏时期造像的风采。

五峰山

五峰山相传是玉皇大帝的五个女儿路经此处，见风景秀丽，不愿离去，于是分别化作五座山峰，故得名，以"秀、幽、奇、古"四绝闻名于世。优美的自然景观和悠久的文化遗产相融共生，金元时期就已享誉四海，历史上有多位帝王来五峰山朝圣，并敕建皇宫门牌坊，将五峰山建筑群的地位抬到了与皇宫等同的地步，这在普天之下是绝无仅有的，五峰山也由此成为道教圣地。

佛慧山

济南佛慧山在千佛山东南，又名大佛头山，海拔460米。山势峭拔，为济南市区制高点，登临山顶可俯瞰泉城。山阴绝壁上有摩崖巨佛头像，像高7.8米，宽4米，开凿于北宋景祐二年（1035年），鬼斧神工雄伟壮观，保存千年仍十分完好。佛慧山下原有古刹开元寺，曾是中国古代规格等级最高的佛教寺庙，目前仅存遗址。

马　山

马山位于长清区马山镇，西濒黄河，南望曲阜，被誉为"齐国咽喉"之地，主峰海拔512.3米。马山"丰施侯庙""五泉十洞""四十八景"引来无数游客流连忘返。马山栝蒌是《本草纲目》记载的地道原产名贵中草药，野生灵芝、山参、何首乌、金银花、野菊花、柴胡等遍及马山山麓。

天下第一泉风景区

天下第一泉风景区位于济南市市中心，由"一河（护城河）、一湖（大明湖）、三泉（趵突泉、黑虎泉、五龙潭三大泉群）、四园（趵突泉公园、环城公园、五龙潭公园、大明湖风景名胜区）"组成。景区以天下第一泉趵突泉为核心，泉流成河、再汇成湖，并与明府古城相依相生，泉、河、湖、城融为一体，集中展现了独特的泉水水域风光。

九如山瀑布群

九如山瀑布群风景区以自然山水景观为特色，可分为"深潭飞瀑景观区""九如峡谷景观区""天蓬瀑布景观区""长城古道景观区"四大旅游区，是人与大自然和谐相处的典范之作。景区植被覆盖率超过97%，负氧离子含量每立方厘米超过7万个，居济南之首。景区群山连绵，峰峦叠嶂，峡谷纵横，森林茂密，山泉遍布，溪流交错，瀑布成群。

大明湖

　　大明湖是济南三大名胜之一，最早见诸文字是在1400多年前北魏郦道元所著《水经注》中，"恒雨不涨，久旱不涸"是其一大优点，并具"蛇不见，蛙不鸣"的自然生态之谜。大明湖现位于济南旧城区内，公园面积86公顷，湖面46公顷，水深平均2米。"四面荷花三面柳，一城山色半城湖"是它风景特色的写照。湖上鸢飞鱼跃，画舫穿行，岸边繁花似锦，游人如织。

龙洞山

　　济南郊区姚家镇龙洞村南，峰峦叠嶂，山势峻拔，奇岩横出，统称为"龙洞山"，因山中有"龙洞"而得名。这里山势奇绝，北有老君崖、凤凰台环拱如门，南有独秀峰、三秀峰突兀环列，形成峭壁围绕的山峪，名"龙洞峪"。峪口两侧两山对峙，谷底清溪流淌，山清水秀。

露华泉

　　在佛峪般若寺遗址石壁处，其上有隋唐摩崖造像。泉从石壁上泄出，如同漱玉，称"露华泉"，泉旁石壁勒有篆书泉名。因泉水甘美如同乳香，也称"乳肖泉"。昔日，泉水流入僧厨佛殿，供寺内僧人饮用，人书"云殿泉厨"四字，镌刻在临近泉池的岩壁上。如今，泉流依然如故，石刻仍存。

美食特产
TOP 10

草包包子

说起老济南人最引以为豪的传统名吃，草包包子当之无愧！草包包子从起源到现在已经有近百年的历史了。草包包子是灌汤包的一种，新出笼的包子，白白的薄皮透出粉粉的肉馅，不变形，不塌架，口感松软，香而不腻。可以堂食，也可以外卖，外卖的包子都用鲜绿荷叶包裹，使热包子别有一种清香，这也是济南草包包子独特的地方之一。

孟家扒蹄

孟家扒蹄是山东济南市的当地名吃，历史可以追溯到 20 世纪前期。起源于济南市五龙潭公园西南侧的"文升园"。孟家扒蹄也叫"罐儿蹄"，吃起来软烂香醉、酱香绵烂又肥而不腻、肉烂脱骨而皮整，色泽红润，味鲜醇厚，非常受当地人和游客的喜爱。

油 旋

油旋，又叫"油旋回"，是山东济南特色传统名吃，外皮酥脆，内瓤柔嫩，葱香透鼻，因其形似螺旋，表面油润呈金黄色，故名油旋。济南人吃油旋多是趁热吃，再配一碗鸡丝馄饨，可谓物美价廉，妙不可言。油旋有圆形和椭圆形两种，更有精细者，在油旋成熟后捅一空洞，磕入一个鸡蛋，再入炉烘烤一会儿，鸡蛋与油旋成为一体，食之更美。

甜 沫

甜沫是济南传统的大众粥类食品，以小米面为主熬煮，又俗称之为"五香甜沫"。在济南的众多小吃中，甜沫是最价廉物美的招牌名优小吃。作为泉城济南的一种特色早餐，甜沫的主要食材有小米面、花生米、粉条、豇豆、五香豆腐干、菠菜等，其呈粥状，色黄微咸，五香味浓。

亮亮拉面

亮亮拉面是泉城济南"十大名吃之一"，选用鲜猪后肘拨膘精肉和后肘骨加香料熬制而成，选用油炸上等川红辣椒及香料制成辣酱，采用特级专用面粉精工细作。具有汤清爽、肉软烂、辣油红艳、香菜翠绿、面条柔韧的特点，故有汤"麻辣鲜香"、面"光滑筋道"之美誉。并且能拉出大宽、二宽、韭叶宽、一粗、二细、三毛细及荞麦棱面等七种不同种类的面条，讲究一（汤）清、二（面条）黄，三（辣椒油）红、四（香菜）绿。

东阿阿胶

东阿阿胶与人参、鹿茸并称"中药三宝"。有关阿胶的记载最早见于《神农本草经》，距今约有2000年。东阿阿胶历经千年历练传承的工艺，用东阿特有的含多种矿物质的井水，采取传统的制作工艺熬制而成。阿胶内含有人体所必需的十九种氨基酸，被现代人们用作滋补佳品。

龙山黑陶

龙山文化驰名中外，龙山黑陶是我国新石器时代晚期的一种文化，距今约4000—5000年之久。龙山黑陶具有"黑如漆、亮如镜、薄如纸、硬如瓷"的工艺特点，造型典雅，古朴大方、艺术精湛，堪称东方艺术珍品、世界陶艺之一绝。

商河老粗布

作为国家级非物质文化遗产的手织老粗布，是几千年来劳动人民世代沿用的一种纯棉手工纺织品，1000多年前就在商河大地产生，明清民国时期达到繁盛。它具有浓郁的乡土气息和鲜明的民族特色，它所具有的纯棉质地、手工织造、民族图案、古老民间工艺等特点尤为珍贵。

平阴玫瑰

平阴玫瑰不仅栽培历史悠久，而且具有花大、色艳、香气纯正、浓郁丰满的特点，在国内外久负盛誉。花蕾晾干可以入药，理气活血。根皮能做丝绸黄褐色染料。花可以酿酒、制糖、做酱、窨茶。平阴的这一特产——玫瑰花，已成为造福于人类的一大国宝。

章丘大葱

大葱是山东人最喜爱的常备蔬菜之一，章丘大葱营养丰富，富含碳水化合物和硫、磷、铁等矿物质及多种维生素，有特殊的香味和辛辣味。章丘大葱葱白肥大，细嫩多汁，于淡辣味中略带清甜，生吃、凉拌最佳，熟食、调味、和馅也好，且耐久藏，堪称葱中珍品。